ELEONORE JACOBI

DAS PRAXISBUCH
NUMEROLOGIE

E L E O N O R E   J A C O B I

DAS PRAXISBUCH
NUMEROLOGIE

Was Geburtsdaten über die Persönlichkeit
und den Lebensweg aussagen

südwest

Inhalt

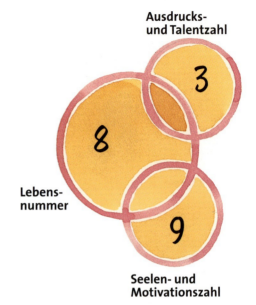

Die Lebensnummer, die Ausdrucks- und Talentzahl sowie die Seelen- und Motivationszahl geben Auskunft über Ihre Fähigkeiten und Eigenschaften.

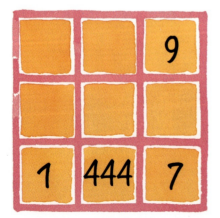

Hier sehen Sie die Geburtsdaten von Bundeskanzler Gerhard Schröder eingetragen.

Im neuen Jahrtausend kommen wir alle in den Einfluss der 2.

Die Zahlen haben großen Einfluss auf die Harmonie in einer Beziehung

Das von der 1 geprägte letzte Jahrtausend war von Entdeckungen und Fortschritt gekennzeichnet.

Einführung

Numerologie ist die überlieferte uralte Weisheit der Deutung unserer Geburtszahlen und damit der Deutung unseres Schicksals. Pythagoras hat den Zahlen ihre Qualitäten zugeordnet, und sein Deutungssystem wird in diesem Buch angewendet. Diese Kunst war aber schon u. a. bei den Babyloniern, Ägyptern, Hindus und Chinesen bekannt, die alle ihr eigenes numerologisches System besaßen. Numerologie erlaubt uns, unsere individuellen Geburtszahlen auszuwerten, jeder Zahl ihre eigene emotionale Qualität und Energie zuzuordnen und damit unsere ureigenste Persönlichkeit zu erkennen und uns die Frage »Wer sind wir?« zu beantworten. Sie gibt Auskunft über unsere Stärken und wie wir sie am besten einsetzen, ebenso wie über unsere Schwächen. Sie sagt aber auch, dass wir unseren Schwächen gegenüber toleranter sein sollten, denn wir haben sie für unseren Lebensweg mitbekommen. Im Vergleich zeigt uns das Geburtsdatum anderer Menschen, welche Gemeinsamkeiten uns verbinden und welche Unterschiede uns trennen.

Haben Sie auch schon einmal gesagt: »Wenn ich das kann, muss er oder sie es auch können.« Warum sind Sie da so sicher? Vielleicht ist die Person, von der Sie die gleiche Einstellung und Fähigkeiten wie Ihre eigenen erwarten, mit ganz anderen Grundvoraussetzungen in dieses Leben gekommen. Vielleicht haben Sie Kinder, die so gar nicht Ihrem eigenen Wesen entsprechen und deren Handlungen und Denkweisen für Sie schwer nachzuvollziehen sind.

Die Numerologie hat sich das Prinzip des Pythagoras zu Eigen gemacht, dass letztendlich alles in unserem Universum auf Zahlen reduziert werden kann. Doch diese Zahlen haben außer der Quantität auch eine Qualität, und die Bedeutung dieser Qualität umfasst die Erfahrungen des Lebens.

Die Numerologie macht die Unterschiede deutlich

Numerologie beantwortet Ihnen die Frage, wo und warum diese Unterschiede existieren. Fähigkeiten oder Unfähigkeiten sagen nichts über den guten oder schlechten Charakter eines Menschen aus, sondern lediglich, dass jeder mit unterschiedlichen Qualitäten auf die Welt gekommen ist. Mir hat einmal eine Ehefrau ganz empört gesagt: »Wenn ein Mann im Haus nicht selbst Reparaturen vornehmen kann, ist er für mich kein Mann.« Was für ein Vorwurf! Wie viele Männer leiden unter dieser unrealistischen Erwartung, wohl wissend, dass sie überhaupt kein Talent zum Handwerklichen haben. Umgekehrt geht es genauso der Frau, von der erwartet wird, dass sie selbstverständlich hausfrauliche Fähigkeiten aufweist.

Numerologie zeigt auf, ob Sie ein natürliches Feingefühl besitzen oder ob Sie eher jemand sind, der schnell mal ins Fettnäpfchen tritt. Das soll nicht heißen, dass der Mensch nicht in der Lage ist, sich zu ändern, es soll vielmehr Verständnis dafür vermitteln, dass man an manchen Dingen mehr arbeiten muss als an anderen und dass man mehr Toleranz und mehr Verständnis für die Stärken und Schwächen seiner Mitmenschen aufbringen sollte. Von großer Bedeutung ist es aber, wenn man seine eigenen Schwächen erkennen und akzeptieren kann und deshalb in der Lage ist, unnötige Schuldgefühle abzulegen und inneren Frieden zu finden.

Sowohl Geburts- als auch Namenszahlen spielen eine Rolle

Eltern sollten sich viel öfter die Geburtszahlen ihrer Kinder ansehen und auch ihre Namen. Vielleicht würde dann das Vorurteil, dass die Kinder so sein müssen wie sie selbst, etwas abgebaut, und vielleicht wäre es dann auch möglich, auf die Begabungen und Fähigkeiten, die die Kinder tatsächlich haben, einzugehen und eine manchmal etwas vernünftigere Lösung für ihren Lebensweg zu finden.

Leider habe ich in meinem Fall bei der Geburt meiner Kinder nur sehr wenig über Numerologie gewusst, sonst wäre ich mit der Namensgebung sorgfältiger umgegangen. Sobald ich aber mit der Numerologie bekannt wurde, habe ich zuallererst meine Kinder analysiert und mit Erstaunen die Unterschiede – und die sind beträchtlich – festgestellt. Seitdem ist mir der Satz »Wenn ich das kann, kannst du das auch« nicht mehr über die Lippen gekommen. Jetzt übe ich auch größere Toleranz gegenüber den Schwächen meiner Kinder. Das heißt nicht, dass es bei uns keinen Streit gibt, aber ich habe eingesehen, dass meine Kinder andere Fähigkeiten besitzen, die Welt aus einer anderen Sicht sehen und harmoniebedürftiger sind, eine Veranlagung, die mir in meinem Geburtsdatum nicht mitgegeben wurde.

Unser Geburtsdatum enthält alle Informationen über unseren Charakter und den Lebensweg, den wir uns gewählt haben. Es ist wie ein Fenster in eine für uns unsichtbare und doch reale Welt. Da ich persönlich an die Wiedergeburt glaube, bin ich der festen Meinung, dass wir uns Hilfen für dieses Leben mitgebracht haben und dass eine davon die Numerologie ist. Es bleibt jedoch jedem Einzelnen überlassen, sich dieser Hilfe zu bedienen und das Fenster zu größerem Verständnis und Wissen für sich und andere zu öffnen.

»Der Apfel fällt nicht weit vom Stamm« – eine Redensart, die nicht immer zutrifft. Kinder haben oft durch ihre Geburts- und Namenszahlen ganz andere Fähigkeiten als ihre Eltern.

Wie erstelle ich mein Numerologieprofil?

Anhand eines Beispiels möchte ich Ihnen zeigen, wie die einzelnen Geburtszahlen in das Numerologische Quadrat eingetragen werden und welche Zahlen sich hinter dem Namen verbergen. Dabei lässt die Analyse der Zahlen natürlich keinerlei Rückschlüsse darauf zu, ob Sie ein guter oder schlechter Mensch sind oder ob die Zahlen gut oder schlecht sind. Die Zahlen repräsentieren Qualitäten, die Sie auf Ihrem Lebensweg begleiten, und geben kein Werturteil ab. Sie sagen Ihnen, welche Stärken und Schwächen Ihnen mitgegeben wurden, die Sie zu einer harmonischen Einheit vereinen sollten.

In unserem Beispiel habe ich Brigitte Schumann, geboren am 21.4.1963, gewählt. Um Ihnen den Einstieg zu erleichtern, habe ich die Zahlen der Brigitte Schumann in einer Vorlage (siehe Seite 10) eingetragen, so dass Sie genau verfolgen können, wie sie errechnet werden und wie man sie zur schnellen Übersicht aufschreibt.

Analyse der Persönlichkeit

Zunächst werden alle Ziffern, die im Geburtsdatum vorkommen, in das Numerologische Quadrat eingetragen. Jede Zahl von 1 bis 9 hat dort ihren festen Platz; das Feld für die 1 befindet sich links unten, das für die 9 rechts oben (genaue Angaben siehe Seite 16). Kommen Ziffern doppelt vor, werden sie doppelt notiert. Neben dem Numerologischen Quadrat finden sich drei einander überlappende Kreise, ein größerer und zwei kleinere. In den großen Kreis wird die Lebensnummer eingetragen. Sie errechnet sich aus der Quersumme des Geburtsdatums. Dies geschieht folgendermaßen:

$$21.4.1963 = 2 + 1 + 4 + 1 + 9 + 6 + 3 = 26 = 2 + 6 = 8$$

8 ist die Lebensnummer der Brigitte Schumann. Die Berechnung der Quersumme wird stets so lange fortgeführt, bis die Zahl einstellig ist. Es gibt allerdings eine Ausnahme: die 11. Sie wird nicht weiter reduziert, sondern bleibt zweistellig.

Durch größeres Verständnis der Qualität und der Zahlenkombination im eigenen oder in einem anderen Geburtsdatum erwächst auch größeres Verständnis für uns und für die Menschen unserer Umgebung.

Die Persönlichkeit

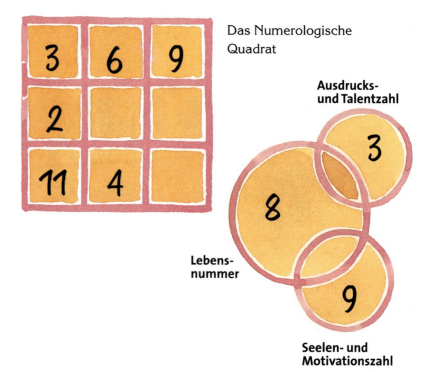

Das Numerologische
Quadrat

**Ausdrucks-
und Talentzahl**

**Lebens-
nummer**

**Seelen- und
Motivationszahl**

**Das Numerologische
Quadrat gibt Aufschluss
über die eigene Persön-
lichkeit, die Lebens-
pyramide zeigt die
Perspektive für die
verschiedenen Lebens-
stationen. Die Ziffern in
den drei Kreisen sagen
etwas über unsere
Talente und Fähig-
keiten aus.**

Der Lebensweg

Die Lebens-
pyramide

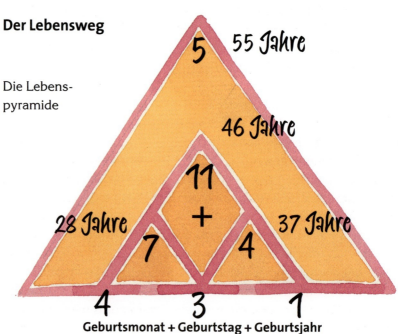

Geburtsmonat + Geburtstag + Geburtsjahr

Die numerologische Analyse des Namens gibt Aufschluss darüber, wie man die Veranlagungen aus dem Geburtdatum nutzt. Jedem Buchstaben ist dabei eine bestimmte Zahlenqualität zwischen 1 und 9 zugeordnet; diese ergibt sich dadurch, indem man die Buchstaben in der Reihenfolge des Alphabets mit 1 bis 9 durchnummeriert und jeweils nach der 9 wieder mit 1 einsetzt. Aus diesen Zahlen wird eine Seelen- und Motivationszahl sowie eine Ausdrucks- und Talentzahl errechnet.

Die Seelen- und Motivationszahl im kleinen unteren Kreis errechnet sich aus den Vokalen des gesamten Namens, die Ausdrucks- und Talentzahl im oberen kleinen Kreis wird aus allen Buchstaben des Namens ermittelt.

```
  9 9   5     3   1
B r i g i t t e S c h u m a n n
2 9 7 2 2  1 3 8  4   5 5
```

Seelen- und Motivationszahl (nur die Vokale)

$9 + 9 + 5 + 3 + 1 = 27 = 2 + 7 = 9$

Ausdrucks- und Talentzahl (alle Buchstaben)

$2 + 9 + 9 + 7 + 9 + 2 + 2 + 5 + 1 + 3 + 8 + 3 + 4 + 1 + 5 + 5 = 75 = 7 + 5 = 12 = 1 + 2 = 3$

Was sagen nun die Zahlen in den Kreisen und im Quadrat über den Charakter und die Fähigkeiten der Brigitte Schumann aus? Sie zeigen, dass sie eine Frau mit praktischen Fähigkeiten (4) ist, eine schnelle Auffassungsgabe (3) hat und dass in ihrem Kopf immer Ideen herumspuken (Ebene 1-2-3). Ihre Familie ist ihr sehr wichtig (Ebene 3-6-9), sie ist harmoniebedürftig (6) und hat kreative Fähigkeiten, aber auch Geschäftssinn und Organisationstalent (Lebensnummer 8). Wahrscheinlich hat Brigitte Schumann Probleme, ihre vielen Ideen in die Tat umzusetzen, denn ihr fehlt die 5 auf dem Numerologischen Quadrat. Sie kann ihre Gefühle gut ausdrücken (zweimal 1), hat Fingerspitzengefühl (2) und natürliche Intuition.
Ihre Seelen- und Motivationszahl ist die 9, d. h., sie ist hoch motiviert, hat viel Verantwortungsbewusstsein und kommt mit Menschen sehr gut zurecht. Allerdings ist ihre Ausdrucks- und Talentzahl eine 3, die niedriger ist als ihre Motivationszahl. Brigitte Schumann wird immer mehr Ideen haben, als sie tatsächlich umsetzen kann, denn ihre Talente und Möglichkeiten geben ihr nur drei Möglichkeiten, obwohl durch ihre Lebensnummer 8 mehr zu erreichen wäre. Sie wird also in ihren Unternehmungen durch die 3 doch

etwas gebremst. Diese Auswertung ergibt die Persönlichkeit mit ihren Veranlagungen und Fähigkeiten. Sie können in den verschiedenen Kapiteln die für Sie und Ihr Geburtsdatum relevanten Deutungen nachlesen.

Analyse des Lebenswegs

In der Numerologie beginnt die erste Dachzahl erst nach dem dritten oder vierten Neun-Jahres-Zyklus nach der Geburt eines Menschen, also nachdem er eine gewisse Reife erlangt hat.

Wie sieht der Lebensweg der Brigitte Schumann aus, d. h., welche Dachzahlen werden in ihrem Leben eine große Rolle spielen? Dachzahlen sind Zahlen, unter deren Einfluss wir viermal im Leben kommen. Sie repräsentieren den Weg, den wir auf der Grundlage der Zahlen unseres Geburtsdatums gehen müssen. Wann wir erstmalig unter den Einfluss einer Dachzahl kommen, errechnet sich aus der Meisterzahl 36 abzüglich der Lebensnummer, in unserem Beispiel also 36 minus 8. Brigitte Schumann kommt also mit 28 Jahren das erste Mal unter den Einfluss einer Dachzahl. Dies wird sich danach dreimal im Abstand von jeweils neun Jahren wiederholen.

Die erste Dachzahl, errechnet aus dem Geburtsmonat + Geburtstag der Brigitte Schumann, ist die 7 (Quersumme des Geburtstages 2 + 1 = 3 + Monat 4).

Die zweite Dachzahl errechnet sich aus dem Geburtstag und Geburtsjahr und ist die 4: Quersumme 21 (2 + 1 = 3) + Quersumme 1963 (1 + 9 + 6 + 3 = 19 = 1 + 9 = 1) = 3 + 1 = 4.

Die dritte Dachzahl schließlich ergibt sich aus den beiden Summen; sie ist die 11 (7 + 4).

Die vierte und letzte Dachzahl, unter deren Einfluss Brigitte Schumann für den Rest ihres Leben bleiben wird, errechnet sich aus der Quersumme Monat + Jahr und ergibt 5 (4 + 1).

(Für eine genaue Beschreibung der Dachzahlen und ihre Deutung siehe Kapitel »Der Lebensweg«, ab Seite 87). Und so werden die oben ausgerechneten Dachzahlen für den Lebensweg gedeutet:

Was sagt dieser Lebensweg über Brigitte Schumann aus?

Man kann mit Sicherheit sagen, dass der erste Wechsel mit 28 Jahren kommen wird und dass die folgenden neun Jahre ihr sehr viel emotional abverlangen werden (7). Sie könnte beginnen, sich mit den Fragen nach dem Sinn des Lebens zu beschäftigen, muss sich aber auch mit Trennungen und eventuellen Fehlentscheidungen auseinander setzen, die sie bis dahin getroffen hat. Dies ist eine gute Zeit, um ihrem Leben behutsam eine neue Richtung mit neuen Maßstäben zu geben.

Mit 37 ändert sich das Bild, denn jetzt kommt der Wechsel zu einer bodenständigeren Zeit (4). In diesen Jahren hat Brigitte Schumann die Möglichkeit, ihre Pläne umzusetzen, sie zu konkretisieren und auf feste Füße zu stellen. Sie wird plötzlich das Bedürfnis nach größerer körperlicher Aktivität empfinden und tritt vielleicht einem Fitnessstudio oder einem Sportverein bei. Sie wird sehr auf ihre materielle Sicherheit bedacht sein.

Mit 46 Jahren steht sie unter dem Einfluss der 11 (erinnern Sie sich: 11 wird nicht auf eine einstellige Zahl reduziert). Brigitte Schumann fühlt sich jetzt erst einmal verunsichert, sensibel und leicht verletzlich und wird sich (außer sie hat dieses Buch gelesen) auch nicht im Klaren darüber sein, warum sich ihr Leben so plötzlich drastisch verändert hat. Diese 11 verunsichert die Menschen sehr. Frau Schumann muss sich mit dieser Sensibilität auseinander setzen und für sich eine Harmonie finden.

Mit 55 Jahren ist dieser Einfluss vorbei, und für Brigitte Schumann kommt jetzt ein Wechsel zu größerer Unruhe (5), schnellen Entschlüssen, Reisen, Umzug. Diese Zeit beginnt meist sehr dramatisch. Es ist eine Zeit, in der sie plötzlich deutlich mehr Durchsetzungskraft bekommt. Jetzt ist sie geneigt, schnelle, spontane Entschlüsse zu treffen, deren Tragweite sie erst viel später übersehen kann.

Wenn ich mir den Lebensweg der Brigitte Schumann ansehe, ist zu erkennen, dass er sich einige Male drastisch verändern wird und dass sie aufgefordert ist, sehr viel in ihrem Leben zu lernen.

Dies ist eine Kurzversion, wie Sie sich selbst, Ihren Partner oder Ihre Partnerin, Ihre Kinder, aber auch Arbeitskollegen analysieren können, um zu einem besseren Verständnis für das eigene Ich und zu einem toleranteren Verhältnis zu Ihren Familienmitgliedern, Freunden und Arbeitskollegen zu kommen.

Im Kapitel »Deutungsbeispiele« (ab Seite 131) sind noch weitere Analysen von Geburtsdaten – auch die einiger bekannter Personen – aufgeführt.

Auf den folgenden Seiten finden Sie die Erklärungen und Deutungen für alle in diesem Kapitel angesprochenen Charaktereigenschaften und den persönlichen Lebensweg.

Ein Lebensweg kann sich mehrere Male stark ändern. Der Mensch muss lernen, mit diesen Veränderungen umzugehen, doch oft wird er erst später begreifen, welche Folgen bestimmte Entscheidungen für sein Leben hatten.

Die Persönlichkeit

Wenn man dem Reisebericht des Griechen Herodot Glauben schenken darf, der weit herumgekommen war, wurden bereits in Ägypten um ca. 460 v. Chr. aus dem Geburtsdatum eines Menschen dessen Charakter und Veranlagungen gedeutet und der Lebensweg vorhergesagt. Auch wird erzählt, dass die Priester durch das Geburtsdatum den Todestag voraussagen konnten. So weit wollen wir in diesem Buch allerdings nicht gehen.

Auch der Philosoph und Mathematiker Pythagoras ist in seinen jungen Jahren sehr viel gereist, u. a. nach Ägypten, Phönizien, Syrien, Babylonien, Persien und Hindustan. Er hatte die Gelegenheit, sich im Laufe seiner Reisen das Wissen und die Weisheiten der damaligen Zeit anzueignen. Von diesem Wissen profitieren wir heute noch. Er benannte die Energiequalitäten der einzelnen Zahlen, die Charakterzüge und Veranlagungen eines jeden von uns bestimmen. Diese Energien sind unsichtbar, aber dennoch allgegenwärtig. Sie beeinflussen, wie wir uns in unserem Leben entscheiden, wie wir mit unserer Welt umgehen, welches Berufspotenzial wir besitzen und welche wechselnde Energiequalität in jedem Jahr unseres Lebens wesentlich ist.

Das Numerologische Quadrat

Bildlich darstellen und zuordnen können wir diese Energien unseres Geburtsdatums, wenn wir sie im Numerologischen Quadrat eintragen. Zur Erkenntnis der eigenen Persönlichkeit und des Lebenswegs verwenden wir nur die Zahlen von 1 bis 9, denn ab 10 kann jede Zahl auf eine einstellige Ziffer reduziert werden. Weil es aber immer Ausnahmen gibt, wird die Zahl 11 nicht zu einer 2 reduziert. Natürlich wird ein Geburtsdatum nicht alle Felder in diesem Numerologischen Quadrat ausfüllen, auch werden manche Felder die gleiche Zahl mehrmals enthalten. Es ist wichtig, dass man sich diese Geburtszahlen zum einen für sich allein stehend ansieht und dann die Aussage des Numerologischen Quadrats auch als Gesamtbild auf sich wirken lässt, um die angezeigten Fähigkeiten, Stärken und Schwächen sowie ihr Zusammenspiel aufzunehmen

Parthenis, der Mutter von Pythagoras, wurde von einem Orakel während eines Besuchs in Delphi vorhergesagt, dass sie einen Sohn bekäme, der alle Menschen an Schönheit und Weisheit übertreffen und zu einem Wohltäter der ganzen Menschheit werden würde. Pythagoras wurde zwischen 600 und 560 v. Chr. in Sidon geboren.

und besser verstehen zu können. Fehlende Zahlen weisen auf die Qualitäten hin, mit denen man sich befassen und bei denen man darüber nachdenken sollte, wie man diese in sein Leben mit einbeziehen kann. Fehlt z. B. die 5 und damit die natürliche Veranlagung zur Zielstrebigkeit, sollte man sich bewusst sein, dass man mehr Ausdauer und Stehvermögen aufbringen muss. Das Numerologische Quadrat ist wie ein Grundriss unseres Potenzials, und deshalb beginnen wir die Analyse unseres Geburtsdatums mit diesem Quadrat. Es ist in neun Felder eingeteilt, und jede Zahl ist einem bestimmten Feld und einer bestimmten Qualität zugeordnet.

Die Analyse der Geburtszahlen wird nicht nur von den vorhandenen Zahlen und ausgefüllten Reihen und Spalten bestimmt, sondern auch von diagonalen Verbindungen sowie den fehlenden Zahlen.

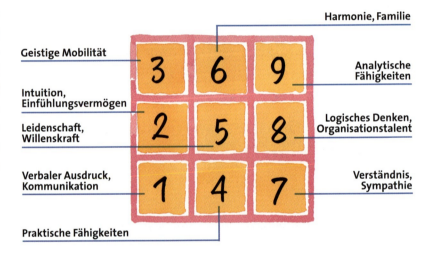

Geistige Mobilität

Harmonie, Familie

Analytische Fähigkeiten

Intuition, Einfühlungsvermögen

Leidenschaft, Willenskraft

Logisches Denken, Organisationstalent

Verbaler Ausdruck, Kommunikation

Verständnis, Sympathie

Praktische Fähigkeiten

3 6 9
2 5 8
1 4 7

Um zu demonstrieren, wie dieses Quadrat ausgefüllt aussieht, nehmen wir die Geburtsdaten von Steffi Graf: 14.6.1969 …

… und Gerhard Schröder: 7.4.1944.

**Sie sollten versuchen,
Ihre innersten Gefühle
in Worte zu fassen, sei
es im direkten Gespräch
mit einem Ihnen wichti-
gen Menschen oder
indem Sie sie etwa in
einem Tagebuch auf-
schreiben.**

Wie Sie sehen, wird jede Zahl des Geburtsdatums in das ihr zuge-
ordnete Feld eingetragen, unabhängig davon, wie oft sie vorkommt.

Deutungen der einzelnen und multiplen Zahlen auf dem Quadrat

Die 1

Die 1 auf dem Numerologischen Quadrat steht für Kommunikation
und dafür, wie sich die betreffende Person verständigt. Es ist
äußerst wichtig, dass bei einer mehrfachen 1 die aufgestaute Energie, die von großer innerer Spannung begleitet ist, positiv abgebaut
wird. Da die 1 die Zahl der Kommunikation ist, wäre ein Ausleben in
den kreativen Kunstformen, entweder im Beruf oder als Hobby, ein
Weg, vor allem aber auch die intensive sportliche Betätigung.

Einmal 1

Menschen mit nur einer 1 auf dem Quadrat haben Probleme, ihre
tiefsten Gefühle zu zeigen und in Worte zu fassen. Sie gelten deshalb
zu Unrecht oft als gefühlsarm. Menschen mit einer 1 genügt es,
ihren Gefühlen einmal Ausdruck zu geben, und es fällt ihnen schwer
zu begreifen, dass der Partner es vielleicht öfter hören möchte, ob
er/sie geliebt wird. Es ist ihnen peinlich, wenn man allzu offen in-
timste Gefühle preisgibt. Sie sind aber auch zielstrebig und lassen
sich nicht so leicht von ihrem eingeschlagenen Weg abbringen.

Wer eine multiple 1 auf dem Quadrat hat, sollte versuchen, seine innersten Gefühle und aufgestauten Energien in kreative Bahnen zu lenken, z. B. im Bereich der Kommunikation, sei es als Schauspieler, Journalist o. Ä. Manche ziehen allerdings harte körperliche Arbeit vor, um ihre innere Aggression positiv umzusetzen.

Zweimal 1

Menschen mit zweimal der 1 auf dem Quadrat haben es wesentlich leichter, ihre inneren Empfindungen preiszugeben. Sie haben das große Bedürfnis, ihren Gefühlen freien Lauf zu lassen, und reagieren eher enttäuscht, wenn man sie stoppt. Sie haben die Fähigkeit, sich ohne weiteres anderen mitzuteilen, und sind bereit einzulenken, wenn man sie mit Gegenargumenten überzeugt. Solche Menschen brauchen aber auch immer wieder die Bestätigung ihres Partners/ihrer Partnerin, dass sie geliebt oder anerkannt werden. Dies wirft natürlich dann Probleme auf, wenn der andere nur eine 1 auf dem Quadrat hat und deshalb dieses Bedürfnis nicht verstehen kann.

Dreimal 1

Personen mit dreimal der 1 auf dem Quadrat sind nicht sehr entscheidungsfreudig. Sie sind sich ihres Problems sehr wohl bewusst, betrachten es von allen Seiten, verinnerlichen es und sind erst einmal konfus, welche Entscheidung nun die richtige ist. Sie brauchen Zeit, damit sie sich ihr Problem von allen Seiten ansehen können, und man muss sich in Geduld üben, denn es bringt nichts, sie zu einer Entscheidung zu drängen. Nur wenn sie sich entschieden haben, wird ein Entschluss verkündet. Manche Menschen mit einer dreifachen 1 entwickeln sich entweder zu Dauerrednern oder aber zum anderen Extrem, sie sind sehr schweigsam und geben wenig über ihre Gedanken preis. In jedem Fall werden sie ihre tiefsten inneren Gefühle meist für sich behalten.

Viermal 1

Wer viermal die 1 auf dem Numerologischen Quadrat hat, ist ruhig und äußerst sensibel. Da es solchen Menschen sehr schwer fällt, ihre Gefühle klar auszudrücken, werden sie oft missverstanden. Diese Personen fühlen sich verunsichert und werden sich einen Partner suchen, der ihnen den inneren Halt gibt, den sie selbst so schmerzlich vermissen, obwohl sie sich nach außen oft als äußerst selbstsicher präsentieren. Menschen mit einer vierfachen 1 verlieren immer wieder ihr Selbstvertrauen und können unangenehm werden, wenn sie nicht mehr weiterwissen oder sich in eine Ecke gedrängt fühlen. Für sie ist es wichtig, ihre aufgestauten Energien vernünftig abzubauen, um zur inneren Ruhe zu gelangen.

Fünfmal 1 und darüber

Diese Personen haben oft derartige Schwierigkeiten, Beziehungen mit anderen einzugehen, dass viele dazu neigen, sich von der Umwelt zurückzuziehen, da sie mit sich selbst nur schwer zurechtkommen. Die emotionale Energie ist noch einmal um ein Wesentliches höher als bei viermal der 1 auf dem Quadrat, auch die Unfähigkeit, sich gefühlsmäßig entsprechend auszudrücken. Um sich vor ihrer inneren Unsicherheit zu schützen, tendieren diese Menschen dazu, andere verbal zu verletzen, ehe sie selbst verletzt werden, nach dem Motto: »Angriff ist die beste Verteidigung«. Was natürlich im Prinzip unsinnig ist, denn sie möchten andere genauso wenig verletzen, wie sie selbst verletzt werden wollen. Man muss diesen Menschen sehr viel Selbstvertrauen geben, damit sie eine innere Harmonie finden können, um die angestaute Energie positiv umzusetzen.

Die 2

Die 2 ist die Zahl der Intuition, des Fingerspitzengefühls und des Wirverständnisses. Auch bei einer multiplen 2, wie bei allen Zahlen, die mehr als einmal im Geburtsdatum vorkommen, ist es wichtig, aufgestaute innere Spannungen abzubauen. Menschen mit einer mehrfachen 2 fangen sehr viel an unterschwelligen Spannungen in ihrer unmittelbaren Umgebung auf, deren sich die Person selbst gar nicht bewusst ist.

Einmal 2

Diese Menschen besitzen natürliches Einfühlungsvermögen, Intuition und Fingerspitzengefühl. Sie können sich auf ihre innere Stimme verlassen, wenn es um erste Eindrücke geht. Sie sind friedliebend, verständnisvoll, fröhlich. Durch ihr Wirverständnis hat Partnerschaft für sie einen hohen Stellenwert, und sie würden den Partner nicht absichtlich verletzen. Allerdings sind sie sehr empfindlich gegen Stress und müssen sich immer wieder einmal in eine ruhige Ecke zurückziehen können, um »aufzutanken«.

Zweimal 2

Menschen mit zweimal der 2 im Geburtsdatum haben eine erhöhte Fähigkeit zur Intuition. Sie wissen, was ein Gesprächspartner wirklich ausdrücken will; d. h., sie hören nicht nur, was gesagt wird, son-

Menschen mit einer 2 im Geburtsdatum leben lieber in einer Partnerschaft als allein. Sie besitzen ein natürliches Verständnis für andere und ziehen es vor, die Wünsche des Partners vor ihren eigenen zu verwirklichen.

Menschen mit multiplen Zahlen sind immer schwierig durch den geballten Energiestau, den diese Zahlen schaffen. Durch Verstehen der eigenen Veranlagung können sie sich aber das Leben leichter machen. Es ist nie zu spät, sich annehmen zu lernen.

dern auch, was tatsächlich gemeint ist. Diese verstärkte Intuition ist wie eine Satellitenschüssel auf dem Dach: Man empfängt viele Kanäle und muss lernen, die verschiedenen Eindrücke und Spannungen zu verarbeiten. Es ist wichtig, dieser erhöhten Empfindsamkeit einen Ausgleich und Spannungsabbau durch Sport oder Ruhe zu verschaffen.

Dreimal 2 und darüber

Sie werden immer wieder feststellen, dass Menschen mit so vielen 2en im Geburtsdatum in Gesellschaften oder größeren Zusammenkünften plötzlich gehen müssen. Sie haben den unwiderstehlichen Drang, sich in ihre eigenen vier Wände zurückzuziehen. Sie können, zumindest für eine Weile, niemanden mehr um sich herum ertragen. Dies ist ihrer erhöhten Feinfühligkeit zuzuschreiben, die sich vor allem dann bemerkbar macht, wenn sie großen äußeren und unterschwelligen Emotionen ausgesetzt sind. Sie geraten in Panik und müssen fort, denn sie empfangen in Gesellschaft mindestens so viele verschiedene »Programme«, wie Menschen anwesend sind. Es wird sehr viel aus reiner Höflichkeit gesagt, das nicht so gemeint ist. Menschen mit dreimal der 2 und darüber fangen diese Doppelbedeutungen auf, ohne sich dessen bewusst zu sein.

Ich rate solchen Personen immer, sich eine innerliche Jalousie vorzustellen, die sie herunterziehen können, um sich gegen dieses Chaos von Informationen zu schützen. Dies ist allerdings ein recht schwieriges Unterfangen, deshalb sollten sie versuchen, aufgestauten Stress durch ein Hobby, das sie voll in Anspruch nimmt, auszugleichen. Die Gefahr, ihn durch einen Wutausbruch loszuwerden, ist groß und erschreckt diese Menschen meist selbst am meisten, da sie ja eigentlich friedliebend sind. Für Personen mit so viel sensibler Feinfühligkeit ist es wichtig zu lernen, konstruktiv mit dieser Veranlagung umzugehen, und zu versuchen, sich innerlich abzugrenzen.

Die 3

Die 3 ist die Zahl der geistigen Mobilität und der schnellen Auffassungsgabe. Menschen mit der 3 in ihrem Numerologischen Quadrat sind umgänglich und kommunikationsfreudig. Sie haben dauernd neue Ideen und suchen immerwährend nach neuen geistigen Herausforderungen.

Einmal 3

Personen mit einer 3 auf dem Quadrat besitzen eine schnelle Auffassungsgabe, sind intelligent und in der Lage, rasch den Kern eines
Problems zu erkennen. Sie haben gerne Menschen um sich, sind
gesellig und gute Gesellschafter. Sie sind witzig, tolerant und kreativ. Sie haben oft gute Ideen, sind aber nicht immer in der Lage,
diese selbst umzusetzen, da ihnen Routinearbeit nicht liegt. Es sei
denn, sie haben Zahlen wie die 4 oder 5 im Geburtsdatum, die ihnen
die notwendige Stabilität und das Durchsetzungsvermögen verleihen. Personen mit einer 3 sind charmant, wortgewandt mit gele-
gentlich spitzer Zunge, lernen sehr schnell, vergessen aber oft
auch genauso schnell. Sie besitzen eine lebhafte Vorstellungskraft, wobei die Gefahr besteht, dass diese manchmal über das
Ziel hinausschießt.

Zweimal 3

Es handelt sich dabei meist um hochintelligente Menschen, die ihre
geistige Energie ausleben müssen, d. h., der Verstand muss beschäftigt werden. Ich habe Hausfrauen mit einer oder mehrfacher 3
im Geburtsdatum kennen gelernt, die ihre geistige Mobilität nie
ausleben konnten und äußerst unzufrieden mit sich und ihrer Umwelt waren – nur wussten sie oft nicht, warum. Wenn diese große
geistige Energie nicht genutzt werden kann, staut sie sich, und es
wird in einer anderen Form »Dampf abgelassen«. Sofern solche Personen nicht einen entsprechenden Beruf ausüben, sollten sie einem
Hobby nachgehen, das ihren Verstand fordert. Sie brauchen andere
Menschen um sich, haben gerne Besuch und benötigen doch auch
wieder ihre Ruhezonen, um den Gedanken freien Lauf zu lassen. Es
ist ein Leichtes für sie, sich in ihren Gedanken zu verlieren und dabei die Umwelt völlig zu vergessen. Trotz vieler Ideen und geistiger
Mobilität ist Disziplin nicht ihre große Stärke, und es ist ein langer
Lernprozess, wenn sie sich diese aneignen müssen. Wenn sie sich
angegriffen fühlen, können sie durch Worte sehr verletzend werden,
da sie schnell den Schwachpunkt ihres Gegners erkennen.

Dreimal 3 und darüber

Diese große geistige Energie muss ausgelebt und abgebaut werden,
sonst wird der Stresspegel zu hoch. Die betreffenden Menschen sind
immer auf der Suche nach etwas Neuerm, weniger Langweiligem,

**Obwohl Personen mit
einer 3 eine Situation
schnell mit dem Ver-
stand begreifen kön-
nen, sind sie nicht unbe-
dingt in der Lage, auch
praktisch damit etwas
anzufangen. Man sollte
ihnen deshalb nicht
böse sein, wenn sie
schon zum nächsten
Projekt gewandert sind,
ehe das alte in die Tat
umgesetzt wurde.**

einer neuen Herausforderung. Sie sind oft Multitalente, die sich jedoch leicht verzetteln. Manche neigen dazu, sich in ihrer eigenen Welt zu verlieren. Menschen mit einer multiplen 3 sind meist sehr charmant, lustig, ansprechbar, aber, wenn keine 2 im Geburtsdatum ist, auch große Egoisten.

Menschen mit mehrfacher 3 sollten wissen, dass sie in der Flut ihrer Gedanken oft das Naheliegendste vergessen. Organisationstalent und Disziplin zählen nicht zu ihren Eigenschaften.

Die 4

Die 4 ist die praktische Zahl. Sie gibt den Menschen das Talent, sich und ihr Leben zu organisieren. Sie sind gewissenhaft und bodenständig.

Einmal 4

Die 4 »erdet« die Menschen, sie sind praktisch, können sich durchsetzen und vertreten die Ansicht, dass sie, wenn sie etwas tun, es auch richtig tun. Dabei geht es aber zuallererst einmal um die eigene Sache bzw. um das, was sie selbst gerade am meisten interessiert. Personen mit einer 4 sind die Organisatoren. Sie haben eine praktische Einstellung zu ihrer Umwelt und zu ihrem Leben. Sie können wenig mit Theorien anfangen, alles muss einen praktischen Wert haben und praktisch umzusetzen sein, sonst ist es uninteressant. Menschen mit einer 4, egal ob Mann oder Frau, sind handwerklich geschickt. Für sie sind Dinge, die sie sehen, schmecken, anfassen können, Realität. Die 4 ist jedoch auch eine Zahl, die das Selbstvertrauen unterminiert, und so zweifeln die betreffenden Personen immer wieder daran, ob sie fähig oder gut genug sind, die Projekte, die sie sich vorgenommen haben, auch zu Ende zu bringen. Wirtschaftliche Sicherheit kann für sie eine dominante Rolle spielen.

Die 4 setzt auf praktische Bodenständigkeit. Alles muss seinen Wert haben. Nur Luftschlösser bauen liegt Menschen mit einer 4 nicht. Wo wäre denn da auch der praktische Wert?

Zweimal 4

Menschen mit zweimal der 4 im Geburtsdatum müssen aufpassen, dass sie nicht zu viel Stress um sich herum schaffen, denn sie sind Perfektionisten. Alles muss genau so sein, wie sie sich das vorgestellt haben. Sie haben wenig Verständnis für Leute, die ihrem Perfektionsideal nicht entsprechen und die Arbeit etwas lockerer angehen. Für sie ist es von größter Wichtigkeit, dass alles richtig gemacht wird. Dagegen ist im Prinzip nichts einzuwenden, wenn sie das Gleiche nicht auch von ihren Partnern, Kindern oder Kollegen fordern, die vielleicht völlig anders veranlagt sind oder keinerlei praktische Fähigkeiten besitzen.

Menschen mit zweimal der 4 wundern sich immer wieder, warum es um sie herum oft so viel Stress und Unzufriedenheit gibt, und merken gar nicht, dass sie selbst die Ursache dafür sind, da sie ihre persönlichen Regeln auch ihrem Umfeld aufzwingen wollen (was letztlich zum Scheitern verurteilt ist). Es ist wichtig, dass sie lernen, ihre eigenen Fähigkeiten und Talente zu schätzen, aber auch ihrem Umfeld einen Freiraum zu lassen.

Auch mangelt es ihnen immer wieder an Selbstvertrauen, und sie brauchen dann viel seelische Unterstützung. Der Hang zur wirtschaftlichen Sicherheit kann überhand nehmen, ebenso der Wunsch, nichts in ihrem Leben möge sich verändern. Da sie auf einer völlig praktischen Ebene denken, fehlt vielen der Wille, wechselnde Umstände freiwillig nachzuvollziehen.

Dreimal 4 und darüber

Diese Menschen müssen sich unbedingt körperlich austoben, sei es in einem Beruf, in dem sie sich viel bewegen müssen, oder sei es beim Sport, durch den sie die aufgestaute körperliche Energie abbauen können – ein absolutes Lebenselexier für sie. Sie sind nicht nur äußerst praktisch begabt und hilfsbereit, sondern auch sehr penibel. Wenn Sie so jemanden bitten, etwas zu tun, dann geben Sie ihm ganz genaue Instruktionen, denn er wird nur ausführen, was man ihm aufgetragen hat – das allerdings gewissenhaft und peinlich genau. Solche Personen benötigen ein Leben lang immer wieder viel Bestätigung aus ihrem Umfeld, um mit ihrer inneren Unsicherheit zurechtzukommen.

Die 5

Menschen mit einer 5 sind Unruhegeister, Macher. Sie besitzen Durchsetzungsvermögen, stecken aber auch voller innerer Unruhe und Zerrissenheit. Erinnern wir uns an die 50er Jahre: Es war die Zeit des Rock 'n' Roll, der einen neuen Aufbruch in der Musikgeschichte darstellte.

Personen mit einer mehrfachen 4 können zu »Workaholics« werden. Sie müssen aufpassen, dass ihre Gesundheit dabei nicht zu Schaden kommt, denn zu viel nervöse Energie kann auf Dauer das Immunsystem schwächen.

Einmal 5

Viele Menschen haben gute Ideen, aber für jene mit einer 5 im Geburtsdatum ist es selbstverständlich, diese Ideen auch in die Tat umzusetzen. Sie stecken sich ein Ziel, überlegen, was notwendig ist, um es zu erreichen, und machen sich dann ans Werk. Sie können Schwierigkeiten und Probleme gut meistern. 5 ist die Zahl der Leidenschaft und der schnellen Entschlüsse. Diese Menschen brauchen Abwechslung, Bewegung, Herausforderung, und sie hassen Langeweile. Menschen mit einer 5 können jedoch auch sehr negativ und unangenehm werden, wenn es ihnen nicht gelingt, ihren Kopf durchzusetzen.

Zweimal 5 und darüber

Diese Menschen haben einen ungeheuren Freiheitsdrang, und nichts kann ihnen mehr zusetzen als die Angst, die Freiheit zu verlieren. Sie sind spontan, man muss sich bei ihnen also auf schnelle Entschlüsse und impulsive Entscheidungen gefasst machen. Personen mit dieser Konstellation können den größten Teil ihres Lebens auf Reisen verbringen. Sie tun sich sehr schwer mit festen Beziehungen und werden am glücklichsten mit einem Partner, der ihren Freiheitsdrang teilt oder zumindest toleriert. Sie besitzen viel aufgestaute innere Energie, die immer wieder durch Aktivitäten abgebaut werden muss. Wenn diese Menschen zu Hause in Frieden leben wollen, muss es ihnen möglich sein, ihrem Drang nach draußen nachgeben zu dürfen, dann sind sie auch gute Lebenspartner.

Mir ist immer wieder aufgefallen, dass Menschen mit zwei- und mehrfacher 5 eigentlich den größten Konflikt mit sich selbst austragen müssen. Auf der einen Seite besitzen sie Durchsetzungsvermögen und Ausdauer, auf der anderen Seite ist ihr Freiheitsdrang so groß, dass er alles überdeckt. Wenn dann noch Zahlen im Geburtsdatum sind, die eine Partnerschaft ungeheuer wichtig machen, wie z. B. die 3-6-9-Kombination, dann befinden sich solche Menschen oft im Zwiespalt mit sich selbst, und sie leiden dann auch noch unter einem schlechten Gewissen. Da sie es gewohnt sind, ihre Ziele durchzusetzen, haben viele diesen Freiheitsdrang um einer anderen Sache willen unterdrückt. Doch wenn dieser Drang nicht ausgelebt werden kann, staut er sich nach innen und muss zu irgendeinem Zeitpunkt den Weg nach außen finden. Dies geschieht in Form von Wutausbrüchen, Aggressivität, Unruhe und Unzufriedenheit.

Die 5 weiß, was sie will, auch wenn dies manchmal hinter einem sanften, bereitwilligen Äußeren verborgen ist. Solche Menschen werden deshalb oft verkannt, vor allem, wenn nur eine 1 im Geburtsdatum erscheint.

Die 6

6 ist die Zahl der Harmonie, des Schönen, der Familie, der Tierliebe. Menschen mit einer 6 im Geburtsdatum wollen eigentlich am allerliebsten eine Familie und ein schönes Heim – doch seltsamerweise tun sie sich mit der Erfüllung dieses Wunsches oft recht schwer. Die 6 raubt nämlich auch das Selbstbewusstsein. Sie macht romantisch, und so stecken die betreffenden Menschen ihr romantisches Ideal sehr hoch, oft zu hoch, wie sie schmerzlich erfahren müssen. Sie geben sich selbstbewusst und unabhängig, doch das geschieht eher, um die innere Unsicherheit zu kaschieren.

Einmal 6

Menschen mit einer 6 im Geburtsdatum sind harmoniebedürftig, sehr sensibel und lieben ein schönes Zuhause. Die 6 ist eine emotionale Zahl, und deshalb reagieren die betreffenden Personen erst einmal emotional. Sie lieben Gefühle, haben aber durch ihre eigene innere Unsicherheit Angst, zu viel Gefühl zu zeigen, sie könnten ja verletzt werden. Nach außen hin können sie sehr selbstsicher wirken, man sollte sich aber nicht täuschen lassen. Sie überspielen oft nur ihr eigenes fehlendes Selbstvertrauen. Es geht ihnen gut, wenn sie in einer liebe- und verständnisvollen Umgebung leben können. Für Menschen mit einer 6 ist eine harmonische Partnerschaft äußerst wichtig. Sie werden viel dafür tun, diese aufrechtzuerhalten, denn sie können sich nicht vorstellen, allein zu leben. Aber wenn sie müssen, zeigen sie, dass sie selbstständig sein können und auch Ausdauer besitzen. Sie sind kreativ mit sehr viel geistiger, wenn auch oft unkonventioneller Mobilität.

Zweimal 6 und darüber

Wenn Menschen mit einer 6 schon Probleme mit ihrem Selbstvertrauen haben, um wie viel schwieriger ist es dann für solche mit einer mehrfachen 6. Ich kenne viele Personen mit diesem Dilemma: Sie wünschen sich nichts sehnlicher als eine eigene Familie und tun sich doch unendlich schwer, dies zu erreichen. Vielleicht erwarten sie zu viel von ihrem Partner, der, wenn er selbst keine 6 in seinem Geburtsdatum hat, dies nicht verstehen wird. Sie erwarten einfach alles von einer Partnerschaft. Für solche Personen ist es von großer Wichtigkeit, ihr Selbstvertrauen aufzubauen. Diese Menschen bemerken oft nicht ihre eigenen Leistungen oder, schlimmer noch,

Harmonie wird bei Personen mit einer 6 groß geschrieben. Ihnen ist ein Leben in Einklang mit den anderen wichtig, doch dabei kommt manchmal das eigene innere Gleichgewicht zu kurz.

stufen sie als nicht relevant ein. Obwohl sie sich ein Leben ohne Partner nicht vorstellen können, finden sie erstaunlicherweise eine innere Stärke, wenn sie mit diesem Problem konfrontiert werden. Sie haben sehr viel geistige Energie, sind kreativ und blühen in einer harmonischen Umgebung, sei es in der Familie oder am Arbeitsplatz, auf. Menschen mit dieser Konstellation sind eher unkonventionelle Denker und ecken daher auch immer wieder in ihrer Umgebung an. Auch hier ist ein inneres Gleichgewicht von großer Wichtigkeit. Ebenso die Erkenntnis, ob der faule Kompromiss, den man gerade um des lieben Friedens willen eingehen wollte, nicht auf lange Sicht hin eher zum eigenen Nachteil gerät.

Die 7

Die 7 steht für Emotionen. Sie ist die Zahl, die helfen möchte und sich einmischt. Die 7 hat Kraft und Stärke, wird jedoch den betreffenden Menschen im Lauf ihres Lebens emotional sehr viel abverlangen. Gleichzeitig verleiht sie ihnen aber auch die Kraft, die anstehenden Schwierigkeiten zu überwinden. Personen mit einer 7 im Geburtsdatum lassen sich ungern etwas sagen, sondern wollen immer alles selbst erfahren. Das ist so, wie wenn man jemandem sagt: »Spring nicht aus dem Fenster, du brichst dir das Bein« – und diese Person es dann doch tut und anschließend sagt, dass man Recht gehabt hat. Die Erfahrung muss selbst gemacht werden.

Einmal 7

Ein Mensch mit einer 7 auf dem Numerologischen Quadrat lässt sich ungern etwas sagen; seine Antwort ist oft erst einmal ein spontanes Nein. Er hat sich damit die Möglichkeit verschafft zu überlegen, ob er tun soll oder will, um was er gebeten worden ist. Meist überrascht er dann seine Mitmenschen, indem er ihnen doch Recht gibt oder seine Ablehnung plötzlich über Bord wirft. Plötzlich für die anderen, nicht so für ihn selbst, und er kann nicht verstehen, warum man sich über seinen Meinungsumschwung wundert. Personen mit einer 7 mischen sich gerne in das Leben anderer ein, weil sie helfen wollen. Das Problem, das manchmal dabei auftaucht, ist, dass sie denken, dass ihr Lösungsangebot das einzig richtige ist, auch wenn es für die betroffene Person nicht passt. Es kann vorkommen, dass sie sich beleidigt in ihr Schneckenhaus zurückziehen, wenn ihr Rat

Auch wenn die 7 erst einmal lieber »nein« sagt, denkt sie im Stillen nach und überrascht ihre Mitmenschen mit plötzlicher Einsicht und Kompromissbereitschaft.

nicht angenommen oder ignoriert wird. Diese Menschen haben eine genaue Vorstellung von dem, was richtig und falsch ist – aus ihrem Blickwinkel gesehen. Sie haben einen ausgeprägten Gerechtigkeitssinn und sind bereit, für ihre Überzeugung einzutreten. Da sie Dinge, an die sie glauben, um jeden Preis festhalten, tun sie sich schwer, flexibel zu sein und auch die Meinung anderer gelten zu lassen. Viele haben auch den Hang, endlose Vorträge zu halten. Menschen mit einer 7 sind jedoch hilfsbereit und sozial eingestellt.

Zweimal 7 und darüber

Die betreffenden Personen sind äußerst emotional, wenn nicht gar »dramatisch«. Sie reden und bereden gerne alles mit Ausdauer, weil sie immer wieder eine Bestätigung ihrer Ansichten hören möchten. Sie interessieren sich für spirituelle Dinge und esoterische Grenzbereiche. Wenn sie sich einer Sache annehmen, dann mit vollem Einsatz. Bedingt durch einen ausgeprägten Gerechtigkeitssinn, setzen sich viele Frauen für die Rechte ihrer Geschlechtsgenossinnen ein. Personen mit mehreren 7 in ihrem Geburtsdatum sind hoch emotional, und wenn sie sich einer Sache verschreiben, dann mit Leib und Seele. Wenn allerdings nicht die gewünschte Anerkennung kommt, können sie sehr nachtragend werden und vergessen selten eine echte oder scheinbare Beleidigung. In einem solchen Fall können sie sogar rachsüchtig sein, auch wenn es ihnen auf lange Sicht zum Nachteil gerät. Sie sind dann von ihrem Vorsatz nicht abzubringen.

Die 8 verleitet zur Schwermut, wie wir aus der Literatur vieler Schriftsteller ersehen können, die in den Jahren zwischen 1800 und 1899 geboren wurden. Sie erlebten ihre Welt eher pessimistisch.

Die 8

Die 8 ist die karmische Zahl. Sie verlangt immer währendes Gleichgewicht. Sie steht für Macht, aber auch für Depression. Im Vergleich der 8 mit der 3 sehe ich die 3 als leicht und luftig und die 8 eher als schwer, mit Hang zum Negativen. Nicht, dass Menschen mit einer 8 im Geburtsdatum unglücklich sein müssen, aber sie tendieren dazu, das Leben als schwierig zu betrachten. Sie sind Logiker, und es ist für sie wichtig, dass ihnen Dinge logisch erklärt werden.

Einmal 8

Personen mit einer 8 auf dem Numerologischen Quadrat sind logische Denker. Sie suchen immer eine Balance im Leben und werden im Lauf ihres Lebens immer wieder dazu aufgefordert, ein Gleichge-

Die 8 schenkt den Menschen künstlerische Kreativität, die sie unbedingt nutzen sollten, denn sie gibt ihrem Leben Ausgleich und größere Harmonie.

wicht zwischen ihrem beruflichen und privaten Leben und den Anforderungen ihres Seelenlebens zu schaffen. Wenn sie etwas nur um des Prestiges oder Geldes willen oder aufgrund einer anderen egoistischen Berechnung angehen, kann es ihnen passieren, dass sie die Sache wieder aufgeben müssen. Die betreffenden Menschen können sich gut organisieren, haben einen trockenen Humor und Sinn für geschäftliche Dinge. Obwohl die 8 ihnen innerliche Kraft verleiht, sind sie trotzdem leicht zu verunsichern, da sie mit sich oft viel zu hart ins Gericht gehen. Da sie durch ihr logisches Denken erst einmal eine Sache für sich logisch erklären müssen, erscheinen sie manchmal als schwerfällig und langsam, was jedoch nicht der Fall ist. Ihr gedanklicher Prozess baut sich lediglich auf eine Folge auf, die einen längeren Weg geht als bei Menschen, die eine 3 in ihrem Geburtsdatum haben und alles schneller begreifen und oft genauso schnell wieder vergessen. Personen mit einer 8 vergessen die Dinge nicht, die sie sich einmal eingeprägt haben. Sie müssen allerdings vorsichtig sein, dass sie dadurch nicht in negatives Denken abrutschen. Das kann sehr schnell passieren. Menschen, die die Kraft der 8 negativ nutzen, können sehr hart und unnachgiebig mit sich und ihrer Umwelt umgehen.

Zweimal 8 und darüber

Obwohl Personen mit zwei- und mehrfacher 8 Organisationstalent und sehr viel geistige Energie besitzen, ist mir aufgefallen, dass sie sich oft schwer tun, ihre Talente positiv umzusetzen. Mehr als eine 8 zieht sehr viel Negativität an, und da die 8 die Zahl des Gleichgewichts ist, müssen diese Menschen immer wieder das Gleichgewicht für sich und ihr Leben herstellen und sollten sich auch immer wieder nach ihrer Motivation fragen. Durch die große geistige und logische Kapazität, Dinge in ihren grundlegenden Eigenschaften zu erfassen (nicht umsonst kam das mechanische Zeitalter ab 1800), haben viele ein kreatives Talent. Heute eignet sich dieser Gedankenprozess sehr gut für die Computerindustrie, da das Schreiben von Computerprogrammen auf logischen Folgerungen basieren muss. Menschen mit einer multiplen 8 können aber auch, wenn sie wollen, überzeugend die Welt »wegerklären«. Sie haben Organisationstalent, ein Gespür für Finanzen und übersehen selten eine günstige Gelegenheit, Geld anzulegen. Sie können kleinlich und geizig in Geldangelegenheiten werden. Auch besteht immer die

Gefahr, dass sie die Welt von der schwärzesten Seite sehen. Es ist wichtig für diesen Personenkreis, sich immer wieder im positiven Denken zu üben.

Die 9

Die 9 ist die Zahl der Analyse, die wir alle in unserem Geburtsdatum haben, genauso wie wir alle durch die 1 mit einem gewissen Egoismus ausgestattet sind. Wenn wir uns das letzte Jahrhundert ansehen, so kann man erkennen, dass seit Beginn des Jahres 1900 die Welt merklich eine andere Denkrichtung eingeschlagen hat. Was in den Jahren 1800 bis 1899 entwickelt und entdeckt wurde – ausgelöst durch das präzise, logische Denken der 8 in diesen Jahreszahlen –, wurde seit 1900 mit einer beängstigenden Geschwindigkeit auf sein Potenzial hin analysiert und weiterentwickelt. Wir haben seit Beginn des Jahres 1900 bis 1999 eine solch rasante, noch nie da gewesene Phase durchgemacht, die in ihrer immer hungrigeren, schnelleren, besseren, höheren, weiteren Entwicklung beängstigend ist.

Einmal 9

Wir alle haben die 9 auf unserem Numerologischen Quadrat und somit gewisse analytische Fähigkeiten. Wir sind so daran gewöhnt, dass wir sie gar nicht mehr als etwas Besonderes erkennen und schätzen. Aber die 9 ist die Zahl der Wahrheitssuche, sie will den Dingen auf den Grund gehen, Lösungen finden. Da wir alle zu einem gewissen Grad mit diesen Fähigkeiten ausgestattet sind, sollten wir versuchen, diese Veranlagung zum besseren Verständnis in unserem Umfeld zu nutzen. Auch bedeutet diese Zahl Verantwortungsbewusstsein, uns selbst und den Mitmenschen gegenüber.

Die 9 ist das Ende und signalisiert damit auch gleichzeitig wieder den Anfang, denn nichts bleibt so, wie es ist. Unser Leben ist ein immer währender Tanz, der, sobald er beendet ist, von neuem beginnt.

Zweimal 9 und darüber

Bei solchen Personen spielt sich alles über den Kopf ab. Ich kenne Menschen mit dreimal der 9 im Geburtsdatum, da läuft der Kopf wie eine Rechenmaschine oder ein Computer. Sehr viele Menschen mit einer mehrfachen 9 haben gerne mit Zahlen zu tun, da dies ihren erhöhten analytischen Fähigkeiten entgegenkommt. Diese hohe geistige Energie muss ausgelebt werden, und Menschen, auf die diese Konstellation zutrifft, fühlen sich am wohlsten, wenn sie ihre analytischen Fähigkeiten einsetzen können. Sie laufen aber auch Gefahr, dass sie zu einseitig werden und nur noch ihren eigenen Standpunkt gelten lassen. In vielen Fällen ist es sehr schwierig, sie dazu zu bringen, auch einmal eine Situation von einer anderen Warte aus zu betrachten. Die betreffenden Personen können immerzu von ihren eigenen Problemen reden, ohne jemals eine andere Meinung gelten zu lassen. Sie können sehr unaufgeschlossen, unflexibel und auch egoistisch sein.

Fehlende Geburtszahlen

Man muss auch die Qualitäten eines Menschen schätzen lernen, die er sich erst erarbeiten muss. Dann kann man ihm auch dabei helfen, auf Dauer erfolgreich zu sein.

Nicht jeder hat alle Zahlen von 1 bis 9 in seinem Geburtsdatum. Diese fehlenden Zahlen weisen darauf hin, dass wir uns die Qualitäten, die diesen Zahlen zugeschrieben sind, selbst aneignen müssen, wenn wir sie in unser Leben mit einbeziehen wollen. Wenn man sein eigenes oder das Geburtsdatum von jemand anderem analysiert, sollte man immer die fehlenden Zahlen mit einbeziehen.

Ein Beispiel: Sie sind ein Mensch, der mindestens zweimal die 4 in seinem Geburtsdatum hat, während sie Ihrem Partner fehlt. Man sieht also, dass es Ihrem Partner an den Ihnen eigenen natürlichen praktischen Fähigkeiten mangelt. Machen Sie das Ihrem Partner nicht zum Vorwurf, er ist eben ein anderer Mensch als Sie.

Ein anderes Beispiel: Im Geburtsdatum gibt es keine 2. Diesem Menschen fehlt Fingerspitzengefühl, und wenn man selbst eine 2 oder mehrere hat, dann ist man manchmal geschockt, mit welcher Unbekümmertheit der andere zuweilen die verletzendsten Dinge von sich gibt. Meistens ist es nicht so böse gemeint, aber dieser Person fehlt eben das nötige Gespür für den richtigen Zeitpunkt.

Fehlende 1

Wir haben alle noch zumindest eine 1 im Geburtsdatum und damit eine Grundveranlagung zur Unabhängigkeit und letztlich auch zum Egoismus. Aber seit dem Jahr 2000 fehlt den Menschen diese 1. Dies bedeutet, dass sie den Drang zum Verwirklichen des eigenen Ich in der Form, wie wir es kennen, nicht mehr haben. Sie müssen sich neu definieren, wenn sie ihre Ziele und Wünsche umsetzen wollen, denn natürlich steht bei diesen Personen das Wirbewusstsein im Vordergrund.

Fehlende 2

Es fehlt diesen Menschen an Fingerspitzengefühl, die natürliche Veranlagung zu wissen, wann man etwas aussprechen kann und wann nicht. Sie sagen oft Dinge, die vom Gesprächspartner als verletzend empfunden werden. Die meisten Menschen wissen eh, dass sie sich wie ein Elefant im Porzellanladen benehmen. Viele wollen allerdings die Notwendigkeit nicht einsehen, diese Veranlagung zu ändern oder zu modifizieren, auch wenn sie sich damit immer wieder in Schwierigkeiten bringen. Es ist jedoch ihre Aufgabe, daran zu arbeiten, sich sorgfältiger zu überlegen, ob das, was sie sagen, wirklich so gesagt werden muss oder ob es nicht einen besseren Weg gibt, seinen Gefühlen und Wünschen und auch seiner Wut Ausdruck zu verleihen. Sie tendieren dazu, nur ihre eigene Meinung gelten zu lassen.

Fehlende 3

Dies bedeutet, dass den betreffenden Menschen die natürliche Begabung zur schnellen Auffassungsgabe fehlt. Das besagt nichts über ihre Intelligenz, sondern lediglich, dass der Gedankenprozess bei ihnen anders verläuft und dass sie mehr Ruhe zur Konzentration benötigen. Ihnen fehlt auch der Hang zur Geselligkeit, der Menschen mit einer 3 zu Eigen ist. Sie können ganz glücklich mit sich, ihren Hobbys oder ihrer Familie leben und sind nicht unbedingt darauf erpicht, viel unter Leuten zu sein.

Fehlende 4

Menschen ohne 4 sind nicht zwangsläufig unpraktisch veranlagt, denn viele von ihnen können sich die entsprechenden Fähigkeiten aneignen, es fehlt ihnen jedoch die natürliche handwerkliche Begabung. Es heißt auch, dass solche Personen nur mit geistigen Energien »fliegen«, also nicht »geerdet«, bodenständig sind. Für sie muss nicht immer alles einen praktischen Nutzen haben. Sie müssen mehr Geduld aufbringen, wenn sie mit rein praktischen Dingen zu tun haben. Sie sollten sich auch darin üben, nicht alles nur über den Verstand oder die Gefühle abzuwickeln.

Fehlende 5

Wie viele Menschen haben Pläne, Ideen, setzen sich Ziele, um dann festzustellen, dass es ihnen irgendwie an der entscheidenden Kraft mangelt, diese auch zu verwirklichen. Ihnen fehlt die 5 im Geburts-

Wenn uns Zahlen fehlen, so ist das ein Hinweis auf die Lektionen, die wir in diesem Leben lernen sollten. Sie helfen uns bei der Weiterentwicklung unserer Seele zu einem höheren Selbst.

datum. Es ist deshalb wichtig, dass sich diese Personen einen inneren Ruck geben, um bei ihren Zielsetzungen zu bleiben und sich nicht durch Schwierigkeiten abbringen oder ablenken zu lassen. Sie müssen sich Beharrlichkeit und Ausdauer aneignen.

Fehlende 6

Hier fehlt das Harmonieverständnis, das für Menschen mit einer 6 auf dem Numerologischen Quadrat eine Selbstverständlichkeit ist. Man ist eher bereit, sich eine Sache zu erstreiten, als Kompromisse einzugehen. Man sollte aber erkennen, dass Probleme auch anders zu lösen sind und dass nicht immer alles erstritten werden muss. Kompromissbereitschaft kann zu annehmbaren Lösungen für alle führen.

Fehlende 7

Die 7 ist eine emotionale Zahl und steht für Hilfsbereitschaft. Wenn sie fehlt, sind solche Menschen eher auf sich selbst fixiert und nicht so schnell bereit, sich in eine Sache hineinziehen zu lassen. Sie sind eher zurückhaltend und haben Schwierigkeiten, sich durchzusetzen.

Fehlende 8

Mit der 8 fehlt die Logik. Solchen Menschen mangelt es an der Begabung, eine Sache logisch zu betrachten und aufzubauen. Wie bei der 3 sagt das nichts über die Intelligenz aus, es ist nur so, dass die Gedanken anders geordnet werden. Die betreffenden Personen stürzen sich schnell in eine Sache, ohne gründlich darüber nachzudenken, denn sie können ihre Meinung ja jederzeit wieder ändern. Sie sollten lernen, ihre Handlungen genau zu überdenken, ehe sie zur Tat schreiten.

Man wird im angebrochenen neuen Jahrtausend umdenken und das Lernen neu strukturieren müssen, denn es wird anders werden. Die Menschen werden ohne die 1 und die 9 im Geburtsdatum geboren, deren Qualitäten für die Älteren selbstverständlich sind.

Fehlende 9

Wir alle im letzten Jahrhundert Geborenen haben mit der 9 die Fähigkeit, analytisch zu denken. Im 21. Jahrhundert fehlt diese Fähigkeit, auch die eines gewissen Verantwortungsbewusstseins. Es wird interessant sein zu sehen, wie die technische Entwicklung weitergehen wird, denn seit dem Jahr 2000 verlieren wir den Einfluss der 9, des analytischen Denkens. Natürlich wird sich die Technik weiterentwickeln, denn es werden noch lange Menschen mit der 9 im Geburtsdatum leben. Aber ich denke, dass sich das rasante

Tempo etwas verlangsamen wird, vielleicht einen natürlicheren Rhythmus bekommt und dass neue Akzente für die Entwicklung der Menschheit gesetzt werden.

Isolierte Zahlen

Wenn auf dem Numerologischen Quadrat eine Geburtszahl nicht durch eine andere Zahl verbunden ist, ist das eine isolierte Zahl.

Auch hier ist das Verstehen der eigenen Probleme der erste Schritt, sie in den Griff zu bekommen. Wenn Menschen isolierte Zahlen in ihrem Geburtsdatum haben, heißt das nicht, dass sie diese Veranlagung nicht nutzen können, es heißt aber, dass sie ganz einfach mehr üben müssen.

Wenn man sich bewusst ist, dass man Schwierigkeiten hat, analytisch zu denken, die Veranlagung aber hat, dann muss man sich darin üben, sie zu aktivieren. Das Gleiche gilt für alle anderen Fähigkeiten, die uns durch die isolierten Zahlen erschwert werden.

Isolierte Zahlen können großen Frust in Menschen hervorrufen, die wissen, dass sie ein gewisses Potenzial haben und es nicht ausschöpfen können. Kettenrauchen und Alkohol lösen dieses Problem nicht, Akzeptanz und Liebe zu sich selbst eher.

Beispiel: 1.3.1937

Wie ersichtlich, stehen alle Nummern in diesem Geburtsdatum für sich. Wenn Zahlen auf dem Numerologischen Quadrat durch keine andere Zahl verbunden sind, heißt es für die betreffende Person, dass sie sich schwer tut, eigentlich vorhandenes Potenzial zu erreichen oder richtig auszuschöpfen. Bei dem konkreten Geburtsdatum konnte dieser Mensch monatelang zu Hause schweigen, wenn man ihn jedoch in Gesellschaft antraf, war er umgänglich und aufgeschlossen. In diesen Zahlen steckt eine Menge Potenzial, doch war er nie in der Lage, die 3 richtig auszuleben oder seine Gefühle auszudrücken. Auch kam er mit seinen Emotionen nie zurecht und konnte seine analytischen Fähigkeiten weder mit seiner schnellen Auffassungsgabe noch mit seinen Gefühlen verbinden. Sein einziger Ausweg war es, sich völlig zurückzuziehen.

Isolierte 1

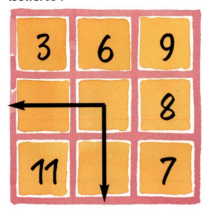

Wenn die 1 isoliert ist, dann haben die betreffenden Menschen Probleme, ihre Gefühle richtig auszudrücken. Sie sprechen nicht gerne über das, was sie bedrückt, und werden deshalb von anderen oft nicht richtig verstanden. Ihnen fehlt die Verbindung zu den anderen Bereichen ihrer Verstandes- und Gefühlswelt.

Isolierte 3

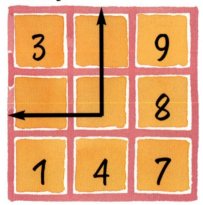

Die isolierte 3 macht es den Menschen schwer, ihre schnelle Auffassungsgabe umzusetzen. Sie werden möglicherweise immer wieder darauf hingewiesen, dass sie ihr Potenzial nicht ausschöpfen, und man wundert sich, warum sie nicht mehr aus ihrem Leben machen. Doch die isolierte 3 macht es ihnen schwer, etwas an dieser Situation zu ändern.

Hilfe und Verständnis sind notwendig, um die Möglichkeiten der isolierten Zahlen auszuschöpfen. Vorhandene Fähigkeiten sollten nicht brachliegen.

Isolierte 7

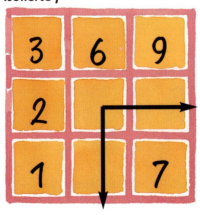

Menschen mit der isolierten 7 finden oft keinen richtigen Bezug zu ihren starken Gefühlen und wissen deshalb auch nicht, wie sie diese richtig ausdrücken sollen. Häufig wirken sie unausgeglichen und unzufrieden. Dadurch schaffen sie für sich und ihre Umwelt Missverständnisse und handeln sich zuweilen auch Ärger und Frust ein.

Isolierte 8

Wenn eine Verbindung durch andere Zahlen auf dem Numerologischen Quadrat zur 8 fehlt, wird es diesen Menschen schwerer fallen, die Verbindung zu ihrem logischen Denken und auch ihrer Kreativität herzustellen. Sie sind sich bewusst, dass ein Potenzial in ihnen schlummert, das sie nur mit Schwierigkeiten freisetzen können. Auch der latent vorhandene Geschäftssinn ist mit größeren Schwierigkeiten umzusetzen. Wie bei allen isolierten Zahlen muss man mehr Konzentration auf diese Fähigkeiten verwenden und mehr Zeit zum bewussten Nachdenken verbringen, um diese Fähigkeiten für sich zu aktivieren. Es kann natürlich großen Frust und auch plötzliche Depressionen hervorrufen, wenn es nicht gelingt, sich diese Grundveranlagungen zu Eigen zu machen, da die 8 die Eigenschaft mit sich bringt, das Leben oder vorherrschende Umstände als schwieriger zu sehen, als sie tatsächlich sind.

Isolierte 9

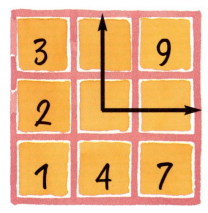

Wenn die 9 allein steht, ist es für diese Menschen sehr schwierig, ihre analytischen Fähigkeiten zu aktivieren, weil sie nur mühsam an diese herankommen. Geistige Mobilität und rasche Auffassungsgabe sind vorhanden, doch es fällt den Betroffenen schwer, eine Situation treffend zu analysieren.

Sie wissen, dass sie eine Situation erkennen müssten, vor allem wenn eine 3 im Geburtstag vorhanden ist oder die Ebene der Gedanken, und es fällt trotzdem schwer, eigene Situationen für sich richtig zu erkennen. Eine Hilfestellung ist, sich intensiv mit dem eigenen Problem so lange zu beschäftigen, bis man sich eine geistige Brücke zu den eigenen analytischen Fähigkeiten gebaut hat.

Wenn Sie eine isolierte Zahl in Ihrem Numerologischen Quadrat haben, heißt das nicht, keinen Zugang zu Ihren Fähigkeiten zu erhalten. Häufig schlummern gerade hier Talente.

Die Ebenen

Es ist möglich, dass auf dem Numerologischen Quadrat (zur Anordnung der Zahlen siehe Seite 16) eine Zahlenreihe ganz ausgefüllt ist, entweder vertikal (beispielsweise 1-2-3), horizontal (beispielsweise 3-6-9) oder diagonal (beispielsweise 1-5-9). Diese Zahlenreihen sind Ebenen und deuten ganz bestimmte zusätzliche Kräfte und Fähigkeiten im Geburtsdatum an.

Es gibt aber auch freie Ebenen, d.h., auf dem Numerologischen Quadrat ist in einer Reihe keine Zahl enthalten. Auch diese freien Ebenen deuten auf bestimmte zusätzliche Charaktereigenschaften hin. Es kann natürlich auch sein, dass in der bildlichen Darstellung eines Geburtsdatums keine solchen Ebenen zu finden sind. Dann werden nur die Zahlen, und zwar die vorhandenen wie die fehlenden, ausgewertet.

Mit Zahlen ausgefüllte Ebenen deuten bestimmte äußere Charakterzüge an, während freie Ebenen auf innere Charakterzüge und Qualitäten hinweisen.

Die praktische Ebene

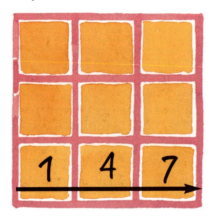

Die Ebene der 1-4-7 gibt den betreffenden Personen eine ausgesprochen praktische Veranlagung. Sie sind gut organisiert, haben Durchsetzungsvermögen und Ausdauer. Da auch die 7 auf dieser Ebene vorhanden ist, sind sie zeitweise sehr emotional und schreiben Selbsterfahrung groß. Wenn ein Mensch mit dieser Veranlagung sich etwas vornimmt, wird er seinen Plan unbeirrt durchziehen. Selbst wenn das totale Chaos herrscht, interessiert ihn das nicht, solange er sein Vorhaben nicht ausgeführt hat. Menschen mit dieser Konstellation lassen sich ungern etwas vorschreiben, sie möchten die Dinge so erledigen, wie sie es sich vorgestellt haben. Eine solche Ebene verleiht ihnen das Potenzial, ihre gesteckten Ziele zu erreichen. Wenn die diplomatische 2 fehlt, können sie allerdings sehr verletzend sein. Es ist wichtig für sie zu verstehen, dass ihre zuweilen herrische Einstellung bei ihren Mitmenschen auf Unverständnis und Ablehnung stoßen kann und dies im Endeffekt als negative Energie auf sie zurückfällt.

Die Ebene der Leidenschaft

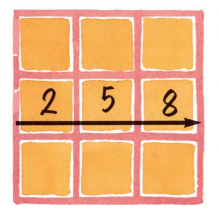

Diese Menschen sind intuitiv, können sich durchsetzen und sind logische Denker. Was immer sie sich für ein Ziel gesteckt haben, es wird mit großer Intensität angegangen. Sie machen nichts halbherzig. Sie können einen Menschen in ihren Freundeskreis aufnehmen, aber genauso schnell fallen lassen, wenn sie meinen, von ihm gekränkt worden zu sein. Personen mit einer solchen Ebene brauchen sehr viel persönlichen Freiraum. Das besagt nicht, dass ihnen Familie und Partnerschaft egal sind, nur ist es ihnen wichtig, ein Interessengebiet unabhängig davon zu pflegen.

Dies ist sehr problematisch für Partner, die nicht verstehen können, warum er oder sie beispielsweise unbedingt am Samstag allein zum Golfspielen gehen muss. Ein Partner, der diese Ebene nicht in seinem Geburtsdatum hat, sollte diesen Drang nicht persönlich nehmen. Die betreffenden Menschen vertragen es eben nicht, angebunden zu sein, sie müssen wenigstens das Gefühl der Freiheit haben und es sich auch immer wieder selbst bestätigen. Dann kommen sie allerdings wieder gerne zur Familie oder zum Partner zurück. Sie sind hilfsbereit, erwarten aber auch, dass ihre Hilfe so angenommen wird, wie sie angeboten wurde, und können Ablehnung nur schwer verkraften.

Menschen mit der Ebene 2-5-8 sind leidenschaftlich bei der Sache, bei allem, was sie sich vornehmen. Allerdings vertragen sie keinen Widerspruch. Man muss hier mit viel Diplomatie vorgehen, um sich durchzusetzen.

Die Ebene der Emotionen

Bei dieser Ebene werden Familienbande groß geschrieben. Diese Menschen tun fast alles für ihre Familie und fühlen sich am wohlsten, wenn sie in einer festen Beziehung sind. Es fällt ihnen deshalb auch sehr schwer, eine Beziehung, die nicht länger funktioniert, aufzugeben, da sie sich nicht vorstellen können, alleine zu sein. Sie sind hilfsbereit, verständnisvoll, geistig mobil und lieben eher das Unkonventionelle. Da die 6 ein Teil dieser Ebene ist, werden sie sich immer wieder mit fehlendem Selbstvertrauen auseinander setzen müssen, was sich intensiviert, wenn es in ihrem Geburtsdatum mehr als eine 6 gibt. Solche Personen benötigen manchmal viele Jahre, um den richtigen Lebensweg zu finden. Sie besitzen jedoch unwahrscheinliche Energien, die sich zwar nicht immer in die genormten Bahnen zwängen lassen, aber wenn man sie lässt, können sie viel in ihrem Leben erreichen.

Die Ebene der Gedanken

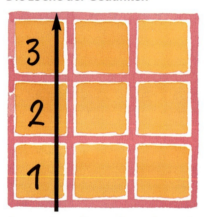

In diesen Köpfen ist immer etwas los. Diese Menschen mit der Ebene 1-2-3 haben fortwährend neue Ideen. Geistige Abwechslung ist für sie lebensnotwendig. Sie springen oft von einem Plan zum nächsten, ohne unbedingt eine Sache bis zum Ende durchzuziehen. Wenn auf dem Numerologischen Quadrat die 5 oder die praktische 4 fehlt,

Wer die Zahlenebene 1-2-3 in seinem Numerologischen Quadrat hat, sprüht nur so vor Ideen. Doch häufig fehlt dieser Person die nötige Durchsetzungskraft und der lange Atem, um einen guten Gedanken in die Tat umzusetzen.

dann mangelt es oft an der notwendigen Ausdauer, die wunderbaren Ideen, die im Kopf herumspuken, auch in die Tat umzusetzen. Mit dieser Ebene ist man sehr schnell gelangweilt. Wenn man einmal weiß, wie eine Sache funktioniert, dann möchte man sich am liebsten sofort dem nächsten Projekt zuwenden und die aktuelle Fertigstellung jemand anderem überlassen. Routine ist für diese Menschen langweilig.

Die immer während Gedankenflut kann überwältigend sein, und es ist wichtig, im Kopf hin und wieder Ruhe einkehren zu lassen. Mit ihrer guten Auffassungsgabe können diese Menschen Probleme sehr schnell auf den Grund gehen, sie können aber nicht immer erklären, wie sie zu dem Schluss gekommen sind. Es kann für sie einfach und verführerisch sein, sich in ihrem Gedankenreichtum zu verlieren. Dies kann problematisch werden, wenn man dabei den Bezug zur Realität verliert. Als Partner eines solchen Menschen sollte man dessen Ideen nicht belächeln, denn es könnte ja sein, dass sich die eine oder andere Idee umsetzen lässt.

Die Ebene der Zielstrebigkeit

Diese Menschen haben ein ganz besonderes Talent, nämlich sich anzupassen. Sie können sich einer Situation unterordnen, allerdings nur so lange, bis sie wissen, wie sie sie gegebenenfalls ändern können. Auch bei Umwegen halten diese Menschen an einmal gesteckten Zielen fest. Die 6 raubt ihnen zwar immer wieder das Selbstvertrauen, doch gibt ihnen die 5 ausgleichende Stärke und Zielstrebigkeit und die 4 Durchhaltevermögen. Dieses Anpassungsvermögen ist keine Schwäche, sondern dahinter stecken Zähigkeit und Ausdauer.

Die Ebene der Energie

Diese Ebene gibt große geistige Kraft und emotionale Energie. Die analytische 9 in Verbindung mit der logischen und karmischen 8 und der emotionalen 7 kann eine starke Kombination sein. Alle diese Zahlen verbindet viel geistige Energie, die ihren Weg nach außen finden muss. Diese Kombination kann mit ein Grund für Hyperaktivität sein. Die 8 gibt die Logik, und wenn sie mehr als zweimal in diesem Bereich auftritt, können die betreffenden Personen oft die Welt wegerklären, denn verbunden mit der analytischen 9 läuft das Diskussionstriebwerk auf Hochtouren. Mit mehr als einer 8 muss man aufpassen, dass man nicht plötzlich ins Negative absackt. Mit mehr als zweimal der 9 wird es im Kopf wegen der besonderen analytischen Fähigkeit zeitweise zugehen wie in einem Computer. Man muss sich allerdings hüten, stur zu werden, und auch seinem Umfeld noch eine Chance zum Mitreden einräumen. Mit mehr als einer 7 kann diese Ebene sehr emotional, ja zeitweise dramatisch sein.

Anpassung und Zielstrebigkeit sind gegensätzliche Kräfte, die sich gegenseitig ausschließen können, wenn man nicht rechtzeitig zum Handeln übergeht (Ebene 4-5-6).

Die Ebene der Entschlossenheit

Diese Ebene charakterisiert Menschen, die sich ein Ziel vornehmen, sich hinsetzen und überlegen, wie sie es realisieren wollen, und es dann auch tatsächlich verwirklichen. Menschen mit der 1-5-9-Ebene tun sich oft schwer, andere zu verstehen, die ihre Vorhaben nicht zu Ende führen oder gar nicht erst damit anfangen. Aber sie sollten erkennen, dass nicht jeder mit dieser Fähigkeit geboren ist. Ihr Durchsetzungsvermögen lässt diese Personen sehr viel erreichen, und manche gehen dabei rücksichtslos vor. Es ist wichtig zu sehen, welche anderen Zahlen auf dem Numerologischen Quadrat zu finden sind, die diese Kombination etwas weicher oder verständnisvoller machen. Eine 6 z. B. vermittelt den Wunsch nach Harmonie und eine 2 Einfühlungsvermögen. Mit nur einer 1 können die betreffenden Personen sehr egoistisch in der Durchsetzung ihrer Ziele sein. Mit einer multiplen 5 allerdings werden sie eher emotional und sehr leidenschaftlich. Menschen mit dieser Ebene können sich emotional einen inneren Abstand schaffen, der für einen Partner ohne diese Kombination schwer zu verstehen ist. Personen mit der Ebene der Entschlossenheit sind oft die Macher in dieser Welt.

Wer die Ebene der 1-5-9 in seinem Numerologischen Quadrat hat, ist fähig, mit großer Entschlossenheit auch langfristige Projekte anzugehen und zu realisieren.

Die Ebene des Verständnisses

Hier paart sich geistige Mobilität mit der Liebe zu Menschen und Geselligkeit und mit der emotional und sozial eingestellten 7 sowie dem Durchsetzungsvermögen der 5. Solche Personen sind äußerst sensibel und besitzen eine vernünftige Lebenseinstellung. Wenn sie etwas erreichen wollen, haben sie die Ausdauer der 5, die ihnen Durchhaltevermögen verleiht. Sie blühen in einer Partnerschaft, die ihnen sehr wichtig ist, auf. Die 3 und die 7 sind Zahlen, die sich zu Menschen orientieren und die Menschen um sich brauchen. Sie sind hilfsbereit, doch wenn keine 2 vorhanden ist, wird diese Hilfsbereitschaft falsch aufgefasst, da ihnen das Fingerspitzengefühl fehlt.

Fehlende Zahlenebenen

Eventuell leere Zahlenebenen haben sehr wohl eine Bedeutung in Bezug auf Persönlichkeit und/oder Stärken und Schwächen. In diesem neuen Jahrtausend sind in der Numerologie neue freie Ebenen auf dem Numerologischen Quadrat hinzugekommen: die freie Ebene 7-8-9, die Ebene der Betrachtung, die in den letzten 300 Jahren nicht mehr möglich war, die freie Ebene 3-6-9, die Ebene der Inspiration, die es noch in den Jahren 1800 bis 1888 gegeben hat, die freie Ebene 1-4-7, die Ebene der Erkenntnis, und die freie Ebene 1-5-9, die Ebene der Entwicklung. Diese letzten beiden Ebenen gab es über 1000 Jahre nicht mehr. Die Eins auf dem Numerologischen Quadrat, die das Ich und Ego symbolisiert, wird in dem neuen Jahrtausend nicht mehr automatisch durch die Jahreszahl besetzt werden und gibt daher diese neuen Ebenen frei. Wegfallen wird ab dem neuen Millenium die Ebene der Sensibilität, die freie Ebene 2-5-8, was bedeutet, dass alle Menschen, die jetzt geboren werden, mit einem gewissen Fingerspitzengefühl und natürlicher Intuition zur Welt kommen. Es werden aber auch Gefühle nicht mehr so leicht zu verstecken sein, wie es Menschen mit dieser Fähigkeit, symbolisiert durch die freie Ebene von 2-5-8 auf dem Numerologischen Quadrat, bis dahin konnten.

Als ich in den Geschichtsbüchern vergangener Jahrhunderte und Jahrtausende geforscht habe, ist mir eines aufgefallen: In Zeiten, in denen diese freien Ebenen den Menschen zur Verfügung standen, waren eher die intellektuellen, mentalen und geistigen Fortschritte das Thema der Zeit. Es ging auch nicht immer nur darum, dass das Forschen und Überlegen zu einem Ziel kommen musste und dass die Aktivitäten ihrer Gelehrten und Wissenschaftler der Wirtschaftlichkeit unterworfen waren. Sie wurden von einem Wissensdurst und einer geistigen Sinnfindung angetrieben, denen wir heute nichts entgegenzusetzen haben. Sehen Sie sich die gotischen Kirchen an. Die

Es ist eine schöne Sache, wenn man sich Ziele setzen und diese verwirklichen kann. Aber es ist ungut, wenn man diese Entschlossenheit auch immer bei anderen voraussetzt.

Menschen früherer Zeit besaßen die Ebene der Inspiration sowie die Ebene der Betrachtung. Sie besaßen die Inspiration und Geduld, solche gigantischen Bauwerke zu bauen um der Sache und nicht um des Profites willen, wie es in unseren beiden letzten Jahrhunderten so vorrangig geworden ist. Dieses neue Jahrtausend wird uns jedoch einiges von dem zurückgeben, das wir in den vergangenen Jahrhunderten verloren glaubten. Die Menschen werden in Zukunft ihre Schwerpunkte mehr auf eine mentale Weiterentwicklung setzen.

Die Ebene der Vision

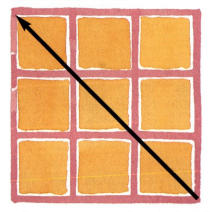

Menschen mit dieser Ebene wissen ganz genau, was sie wollen. Sie haben eine unglaubliche Vorstellungskraft, von der sie nicht abweichen. Sie haben eine Vision, wie ihr Leben und ihre Ziele aussehen sollen. Anders als bei der Ebene, in der die 5 mit enthalten ist, haben diese Personen jedoch nichts dagegen, wenn jemand anderer für sie diese Ziele umsetzt,

»Ich möchte« und »ich will« sind typische Aussprüche von Menschen mit der Ebene der Vision. Sie realisieren ihre Ziele aber nicht immer unbedingt selbst, sondern spannen andere dafür ein. Sie müssen lernen, Wünsche selbst in die Realität umzusetzen.

solange es genau so ist, wie sie sich das vorgestellt haben. Diese Menschen können sehr gut delegieren.

Die Ebene der Entwicklung

Die Zahlen 1, 5 und 9 sind Zahlen der Zielstrebigkeit und des geradlinigen Vorankommens. Viele Menschen in diesem Jahrtausend werden diese Zielstrebigkeit vermissen. Dies erlaubt ihnen jedoch, sich in ihrem Gedankengang freier zu entfalten, ihre Individualität und ihr Sein neu zu entdecken und zu finden. Diese Ebene gab es das letzte Mal vor über 1000 Jahren.

Es war ein Zeitalter, geprägt von sehr viel Idealismus und von Menschen, die sich aufmachen mussten, eine neue Weltordnung zu erschaffen. An diesem Punkt sind wir auch heute wieder angelangt. Diese

Menschen werden sich nicht nur auf das, was ihnen von anderen als Wahrheit dargelegt wird, verlassen, sondern eher auf das, was sie selbst glauben und durch eigenes Verständnis erarbeitet haben. Sie besitzen die Fähigkeit der Weitsichtigkeit. Diese Ebene kann allerdings zu Unentschlossenheit und Ratlosigkeit führen.

Die Ebene des Saturn

Menschen mit dieser Ebene tendieren dazu, sich das Leben schwerer zu machen, als es notwendig ist. Sie müssen lernen, mit Schwierigkeiten umzugehen, um sie zu überwinden. Je aufgeschlossener sie an ihre Probleme herangehen, desto eher werden sie sie knacken. Wenn sie aber die Probleme, die ihnen das Leben immer wieder in den Weg stellen wird, auf Biegen und Brechen lösen wollen, werden sie feststellen müssen, dass das nicht möglich ist und dass sie sich dabei nur selbst weh tun. Es ist wichtig für diese Personen, Verständnis für sich und die Umwelt zu erlernen.

Die Ebene der Betrachtung

Die Ebene der Betrachtung war nur bis zum Jahre 1666 möglich, denn es beschreibt die freie Ebene von 7-8-9. Diese Ebene befreit die Menschen, Erfahrungen und Erkenntnisse allein von der Logik und der Analyse aus sehen zu müssen. In dieser Zeit wurden die großen Entdeckungen in der Astronomie gemacht, in einer Zeit also, als Menschen Zeit und Geduld hatten, die Sterne des Himmels zu betrachten und ihre Schlüsse daraus zu ziehen. Es war die Zeit der großen Entdeckungen, sei es nun der Kontinente oder die Entdeckung der Natur und seiner Gesetze. Menschen mit dieser Ebene sind in der Lage, sich mit Geduld und

Menschen, die in Jahrhunderten ohne die 7, 8 und 9 den Geheimnissen der Natur auf den Grund gingen, taten dies, ohne alles analysieren und kategorisieren zu wollen. Die Neugier stand bei ihren Forschungen im Vordergrund. Das genau war die Zeit der großen Entdeckungen.

einem unvoreingenommenen Verstand Wissen anzueignen. Da die logische 8 und die analytische 9 fehlt, ist es für diese Menschen möglich, sich mit einer größeren Unvoreingenommenheit Wissen anzueignen und in die Tat umzusetzen, als es in den letzten Jahrhunderten möglich war. Eine Sache wird der Sache wegen erforscht. Die fehlende 8 und 9 zwingen Menschen mit dieser Ebene nicht, ihre Erfahrungen zu einer logischen Schlussfolgerung zu bringen, sondern das Fehlen dieser beiden Einflüsse erlaubt ihnen, Erfahrungen zu sammeln, ohne diese sofort in eine Schublade einordnen zu müssen, d.h. logische oder analytische Schlüsse zu ziehen. Das mag für Menschen unseres vergangenen Jahrhunderts sehr schwierig zu verstehen sein, aber wenn man etwas erforschen kann, ohne dies sofort einordnen zu müssen, kann man Dinge oder Situationen leichter auf sich zukommen lassen und mit mehr Neugier abwarten, was dabei herauskommt. Dies bringt diese Menschen wieder näher an die Geheimnisse unserer Welt, weil das Universum des Universums zuliebe erforscht wird. Repräsentanten dieser Zeit waren z.B. Leonardo da Vinci (geb. 15.4.1452), Nostradamus (geb. 14.12.1503) und Galileo Galilei (geb. 15.2.1564). Diese Ebene kann aber auch zu Passivität und Faulheit führen.

Manchmal ist man erstaunt, dass Personen, die anderen geradeheraus ihre Meinung sagen, sich plötzlich wie Mimosen verhalten. Doch mit der Ebene der Sensibilität ist dies kein Wunder.

Die Ebene der Sensibilität

Das Erste, was hier auffällt, ist, dass die 2 fehlt, und das bedeutet, dass diesen Menschen das natürliche Fingerspitzengefühl abgeht. Es wird oft fälschlicherweise angenommen, dass Personen, die kein Fingerspitzengefühl haben, auch nicht sensibel sein können. Das trifft überhaupt nicht zu, denn Menschen mit dieser Ebene sind äußerst sensibel, auch wenn sie sich nach außen unnahbar und stark zeigen. Man sollte sich davon nicht beirren lassen. Da sie sehr

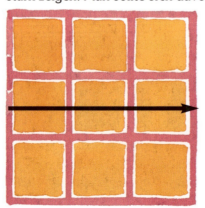

leicht verletzlich sind, ziehen sich diese Menschen schnell in ihr Schneckenhaus zurück oder bauen einen Schutzwall auf, hinter dem sie sich verstecken können. Sie vergessen so leicht keine Beleidigung und können recht nachtragend sein. Auch fühlen sie sich immer wieder verunsichert und lassen einen selten ganz nahe an sich heran.

Die Ebene der Erkenntnis

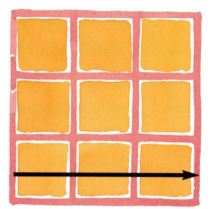

Die Ebene der Erkenntnis hat diese Menschen befreit von dem Egoismus, den wir vom letzten Jahrtausend kennen. Wenn es um ihre Projekte und Einstellungen geht, sind sie nicht immer nur auf ihren eigenen Vorteil bedacht. Sie werden Neues für die Menschen im Allgemeinen und dem Guten im Gesamten erforschen. Es fehlen ihnen allerdings praktische Fähigkeiten, es sei denn, sie sind in der Lebensnummer enthalten. Dann können sie sich sehr in ihr Innerstes zurückziehen und ihrem Geist und ihrer Intuition freien Lauf lassen. Da diese Menschen nicht geerdet sind und möglicherweise keinen Zugang zu unserer noch aus dem 20. Jahrhundert stammenden zielorientierten Gesinnungsweise besitzen, können sie unberechenbar und in ihrem Inneren zutiefst verunsichert sein, da sie sich von den noch gültigen Kriterien des vergangenen Jahrhunderts überfordert fühlen können. Vertreter ihrer Zeit waren Pippin, Bonifatius und Karl der Große.

Die Ebene der Inspiration

Diese Menschen lassen sich von großen Gedanken und Ideen inspirieren, investieren Zeit und Geduld und setzen Geplantes auch in die Tat um. Sie werden nicht von der 3 beeinflusst, die keine Langeweile mag, und auch nicht von der analytischen 9, die für alles ein Ergebnis sehen möchte. Man muss nur in die Jahre 1800 bis 1888 zurückblicken, um auf große Entdecker und Erfinder zu stoßen, wie z.B. Ludwig II. von Bayern (geb. 24.8.1845), Carl Benz (geb. 25.11.1844), aber auch Jakob Grimm (geb. 4.1.1785). Diese Menschen können leicht zu Exzentrikern werden, mit einem Hang zur Vergesslichkeit und zum Außenseitertum.

Für das neue Jahrtausend eröffnet die Ebene der Inspiration ungeahnte Möglichkeiten im Hinblick auf Erfindungen und Entdeckungen.

Die Lebensnummer

Vielleicht hat man Ihnen schon einmal gesagt, Sie seien ein 6-Typ
oder ein 8-Typ etc. Gemeint ist damit Ihre Lebensnummer, die sich
aus der Quersumme Ihres Geburtstags errechnet. Man kann aber
die Persönlichkeit eines Menschen nicht nur auf diese eine Lebensnummer reduzieren, denn unsere Persönlichkeitsfacetten sind bei
weitem vielschichtiger. Ihre Lebensnummer hat allerdings einen
großen Einfluss auf Ihre Persönlichkeit, und wenn diese Lebensnummer und ihre Möglichkeiten nicht positiv ausgeschöpft werden
können, sind andere Qualitäten im Geburtsdatum am Werk.

Es könnte z. B. sein, dass Sie eine 6 als Lebensnummer haben,
d. h., Sie sind ein äußerst harmoniebedürftiger und familienbezoge-
ner Mensch. Auf der anderen Seite aber enthält Ihr Geburtsdatum
zweimal die 5, was wiederum bedeutet, dass Sie auch sehr freiheits-
liebend sind. Sehen Sie den Konflikt? Es wird schwierig sein, Ihr
Harmoniebedürfnis zu befriedigen und gleichzeitig die innere Unruhe, die die doppelte 5 verursacht, in Einklang zu bringen. Wenn eine
solche Kombination erkannt wird, kann dies auch das gegenseitige
Verständnis fördern. Wenn man weiß, wo die eigenen Persönlich-
keitsprobleme verborgen sind, kann man sich um eine Lösung seiner inneren Schwierigkeiten und damit seiner Lebensumstände
bemühen.

Die Lebensnummer sagt Ihnen auch, wie viele Möglichkeiten an beruflichen oder anderweitigen Entwicklungen Ihnen zur Verfügung
stehen. Der Name wird Ihnen außerdem Aufschluss darüber geben,
wie und ob Sie diese Möglichkeiten tatsächlich ausschöpfen können.
Eine genaue Beschreibung hierzu finden Sie im Kapitel »Der Name«
(ab Seite 77).

Die Lebensnummer errechnet sich aus der Quersumme des Geburtsdatums. Nehmen wir als Beispiel den 18.3.1950. Man zählt die
Zahlen zusammen, und zwar so lange, bis dieses Geburtsdatum auf
eine einstellige Zahl reduziert ist, mit Ausnahme der 11.

**Lebensnummern be-
stimmen unser Leben
in hohem Maße, denn
sie vereinen alle unsere
Geburtszahlen in sich.
Sie stärken oder
schwächen die Qualität
unserer Zahlen auf
dem Numerologischen
Quadrat. Sie sind Weg-
weiser und der Schlüs-
sel hinter dem Sinn
unseres Lebens.**

18.3.1950 = 1 + 8 + 3 + 1 + 9 + 5 = 27 = 2 + 7 = 9.
Oder einzeln (Tag 1 + 8) = 9 + (Monat 3) = 3 + (Jahr 1 + 9 + 5 = 15 =
1 + 5 =) 6; 9 + 3 + 6 = 18 = 1 + 8 = 9

Ob Sie das gesamte Geburtsdatum in einem zusammenzählen und daraus die Quersumme ermitteln oder ob Sie die Quersumme Ihres Geburtstags, -monats und -jahrs individuell zusammenzählen und daraus die Quersumme errechnen – Sie kommen immer auf dasselbe Ergebnis. Die 0 wird als Zahl nicht in Betracht gezogen, allerdings stärkt sie jede Zahlenqualität, hinter der sie steht.

Deutungen der Lebensnummern

Die 1

Menschen mit der Lebensnummer 1 haben ihr Ziel klar vor Augen und treffen ihre eigenen Entscheidungen. Sie sind zielstrebig, selbstbewusst, mit einem ausgeprägten Ichverständnis. Sie sind unabhängig und geradeheraus. Sie gehen lieber voran, als zu folgen. Wenn es um schwierige Entscheidungen geht, werden ihre eigenen Interessen den Vorrang haben. Es besteht natürlich die Möglichkeit, dass die angeborene Neigung der Unabhängigkeit in absoluten Egoismus ausartet.

Die 1 ist die Zahl des Bewusstseins, die maskuline Zahl, die Zahl des Yang.

Menschen mit der Lebensnummer 1 haben die Chance, materiell, finanziell und beruflich einen für sie zufrieden stellenden Status zu erreichen. In der Partnerschaft kommt es auf die anderen Zahlen im Geburtsdatum an, die diese 1 etwas weicher machen, wie z. B. eine 2 oder 6, da diese Personen sonst dazu neigen, in einer Partnerschaft zu dominieren. 1-Menschen können sehr hart mit ihrer Umwelt umgehen, wenn sie ein Ziel erreichen möchten, und neigen dazu, nur ihren eigenen Standpunkt zu akzeptieren. Sie können sehr gut mit sich allein auskommen, und sie müssen auch in einer Partnerschaft in der Lage sein, hin und wieder die Tür hinter sich zumachen zu können. Dies ist oft unverständlich für den anderen, der keine 1 im Geburtstag, -monat oder in der Lebensnummer hat. 1-Menschen werden sich immer auf nur eine Möglichkeit in ihrem Leben konzentrieren können.

Die 2

Menschen mit der Lebensnummer 2 haben viel Einfühlungsvermögen, Fingerspitzengefühl und Humor. Sie sind friedliebend mit ausgeprägten intuitiven Fähigkeiten. Sie wissen, wenn etwas nicht stimmt, auch wenn niemand etwas sagt. Das macht sie manchmal nervös und ungehalten, wobei sie eigentlich selbst nicht genau wissen, warum. Wenn sie wie eine Antenne unterschwellige Emotionen auffangen, müssen diese erst einmal aufgearbeitet werden. Eine Partnerschaft ist für einen 2-Typ außerordentlich wichtig und hat Priorität. Schwierig wird es für einen solchen Menschen, wenn er allein sein muss. Er wird dann alles daran setzen, einen Partner zu finden, denn sein natürlicher Instinkt ist auf Zweisamkeit gerichtet. Menschen mit der Lebensnummer 2 werden immer wieder mit mehr als einer Möglichkeit, für die sie sich entscheiden müssen, konfrontiert. Sie sollten bei der Wahl auf ihre innere Stimme hören und dieser auch folgen.

Die 2 repräsentiert die Dualität, die Intuition, sie ist die weibliche Zahl, die Zahl des Yin.

Die 3

Die 3 ist die Charmezahl, und Personen mit einer 3 als Lebensnummer haben eine ganze Menge davon. Sie sind lebenslustig, aufgeschlossen, geistig mobil und gesellig; sie werden immer andere Menschen um sich brauchen. Durch ihren Charme gelingt es ihnen auch meistens, einen großen Freundeskreis zu halten. Sie ziehen andere wie magisch an. 3-Typen sind lustig, gut aufgelegt, feiern gerne und sind allgemein gut drauf. Sie sind kreativ und in der Lage, jede Aufgabe, die sie sich vornehmen, zu meistern – sofern sie Lust dazu haben. Routinearbeit allerdings ist nicht ihre Stärke. Kommunikation wird für sie groß geschrieben. 3-Menschen haben die Begabung, bei anderen schnell den Schwachpunkt zu entdecken, und können sehr verletzend werden, vor allem dann, wenn keine 2 im Geburtsdatum vorhanden ist. Sie können ständig mehrgleisig fahren, d. h., sie machen gerne mehrere Dinge auf einmal, denn Abwechslung ist für sie lebensnotwendig. Ob sie ihre Projekte zum Abschluss bringen, hängt davon ab, wie wichtig es für sie ist oder wie viel Ausdauer sie besitzen. Am liebsten überlassen sie das Fertigstellen jemand anderem und wenden sich wieder Neuem zu.

Die 3 ist das Ergebnis aus dem Gegensatz von 1 und 2, die Zahl der Dreiheit wie Geburt, Leben und Tod, Himmel und Erde.

Die 4

Die 4 ist die geerdete Zahl, und die betreffenden Personen sind sehr praktisch veranlagt. Da sie normalerweise mehr als genau, mit Hang zum Peniblen, sind, verlangen sie dasselbe auch von ihrer Umwelt – nicht immer mit glücklichem Ausgang. Für 4-Menschen ist es wichtig zu wissen, dass nicht jeder die gleichen Talente und

Die 4 wird in vielen Kulturen als heilige Zahl betrachtet. Sie ist die Welt, die Erde, die Zahl des Grundsteins, der konkreten Angelegenheit.

Veranlagungen hat wie sie selbst und deshalb auch nicht genauso reagieren und die Dinge handhaben wird. Sie wirken zeitweise schwerfällig, da sie zuerst immer nur das Praktische im Leben sehen, auch wenn mit anderen Geburtszahlen eine gehörige geistige Mobilität vorhanden ist. Sie können ihrer Umgebung gegenüber sehr hart sein, wenn Dinge ihrer Meinung nach nicht richtig erledigt worden sind. Andererseits sind sie verlässlich und gute Freunde. Für 4-Typen muss das Leben einen praktischen Sinn haben, und Theorien müssen in die Praxis umgesetzt werden können.

Diese Menschen sind trotz ihrer zeitweise forschen Art oft sehr verunsichert, denn die 4 entzieht ihnen immer wieder das Selbstvertrauen. Es wird ihnen schwer fallen, plötzlich andere sich auftuende Möglichkeiten anzunehmen, da sie einen geregelten Lebensablauf lieben und sich darin sicher fühlen. Es ist deshalb leicht möglich, dass sie so manche gute Chance vorbeiziehen lassen. Sie sollten sich bewusst machen, dass ein Wechsel auch positiv sein kann.

Die 5

Die Lebensnummer 5 bringt Rastlosigkeit. Solche Personen werden immer von Unruhe getrieben. Sie besitzen einen großen Freiheitsdrang, und es gibt für sie nichts Schlimmeres als das Gefühl, in ihrer persönlichen Freiheit eingeschränkt zu sein. Sie sind impulsiv, durchsetzungsfähig, Freigeister. Falls noch eine 6 im Geburtsdatum vorhanden ist, die den Wunsch nach Geborgenheit und Partnerschaft weckt, ist es für 5-Menschen schwierig, beides in Harmonie zu bringen. Vielleicht sollten diese Menschen versuchen, ihren unruhigen Geist auf andere Weise auszuleben, entweder durch Reisen, durch Sport oder alles, was mit Bewegung zu tun hat. Die 5 sagt natürlich auch, dass sich die Betreffenden ein unruhiges Leben ausgesucht haben. Es wird wenige unter ihnen geben, die noch nie umgezogen sind oder die ihrem Leben beruflich oder privat nicht immer wieder eine andere Richtung gegeben haben.

Die 5 ist die Zahl der Zufälligkeit, der fünf Sinne, der fünf Elemente der chinesischen Philosophie, des Pentagramms.

Menschen mit einer 5 als Lebensnummer sind geneigt und neugierig genug, Möglichkeiten, die sich ihnen bieten, auszuprobieren. Da sie Abwechslung lieben, sind sie schnell zu begeistern, jede neue Wende mitzumachen. Sie sollten sich allerdings die Zeit nehmen und genau überlegen, welchen Weg sie einschlagen wollen, denn sie müssen natürlich auch die Konsequenzen der getroffenen Entscheidung durchleben.

Die 6

Diese Menschen sind sehr harmoniebedürftig und bereit, Kompromisse zu schließen, um diese Harmonie herbeizuführen. Wenn immer möglich, gehen sie Streit aus dem Weg und können die Entscheidungen anderer oft mit einem Schulterzucken akzeptieren, auch wenn sie nicht ihren eigenen Wünschen und Vorstellungen entsprechen. Sie lieben das Schöne, das Friedliche. Menschen mit einer 6 als Lebensnummer haben mit mangelndem Selbstvertrauen zu kämpfen, und es ist schwierig, ihnen zu erklären, dass dies in vielen Fällen nur in ihrem Kopf geschieht und nicht unbedingt den gegebenen Tatsachen entspricht. 6-Typen sind häufig gut aussehend, so dass es für Außenstehende schwer zu verstehen ist, woher das mangelnde Selbstvertrauen kommt. Sie sind zurückhaltend, und der Zugang zu ihren inneren Problemen ist nicht immer leicht. Es stehen ihnen in der Regel sehr viele Möglichkeiten offen, und man sollte den Namen analysieren, um herauszufinden, wie einfach oder schwierig es ist, diese Möglichkeiten auszuschöpfen.

Die 6 repräsentiert die menschliche Seele, denn sie vereint Harmonie mit Disharmonie.

Die 7

Menschen mit einer 7 möchten und müssen unbedingt ihre eigenen Erfahrungen machen und tun sich äußerst schwer, die Meinung anderer anzunehmen. Wenn sie sich ihre Meinung gebildet haben, dann bleiben sie auch dabei, und es dürfte schwierig, wenn nicht unmöglich sein, sie umzustimmen. Das lässt sie in den Augen anderer häufig als äußerst unflexibel und kompromisslos erscheinen. 7-Menschen sind emotional, wenn nicht zeitweise höchst dramatisch. Sie bereden alles gerne, aber eher, um ihre eigene Meinung zu bekräftigen, als den Rat anderer einzuholen. Auch haben sie einen ausgeprägten Gerechtigkeitssinn, und viele sind bereit, sich für die Rechte anderer einzusetzen. Menschen mit der Lebensnummer 7 sind hilfsbereit und sozial eingestellt. Wenn sie in sozialen Berufen arbeiten, leben sie die beste Seite der 7 aus. Viele interessieren sich auch für Esoterik. Im Lauf ihres Lebens werden 7-Menschen immer wieder gefordert, sich mit ihren Fehlentscheidungen auseinander zu setzen und sie zu korrigieren. Die meisten finden das sehr schwierig, vor allem dann, wenn sie die Schuld bei anderen suchen. Die 7 ist eine ambivalente Zahl – auf der einen Seite beschert sie den betreffenden Personen zeitweise große emotionale Probleme, auf der anderen Seite gibt sie ihnen die Kraft, diese zu meistern. Die

In fast allen Kulturen gilt die 7 als heilige und mystische Zahl. Sie regiert okkulte Kräfte, magische Zeremonien und hellseherische Fähigkeiten.

hauptsächliche Gefahr bei den 7-Typen besteht darin, dass sie sich in ihre eigenen Vorstellungen verrennen und allein nicht mehr den Weg aus der Sackgasse finden, aber auch nicht bereit sind, andere Meinungen und Hilfen zu akzeptieren. Die 7 bietet sehr viele Möglichkeiten im Leben. Es ist aber durchaus möglich, dass diese nicht wahrgenommen werden, wenn sich die betreffenden Personen zu sehr auf einen bestimmten Weg eingestellt haben.

Die 8

Menschen mit einer 8 als Lebensnummer haben Organisationstalent, Kraft, eine logische Denkweise, Geschäftssinn und Talent zu künstlerischer Kreativität. Die 8 ist eine karmische Zahl und verlangt von ihnen, dass sie ihr Leben in einer Balance halten. Wenn sie z. B. allein wegen des materiellen Gewinns oder des Prestiges einen Beruf ergreifen oder Entscheidungen treffen, kann es ihnen passieren, dass ihnen alles Erreichte wieder entzogen wird. Das Gleichgewicht zwischen ihrem inneren Bedürfnis und ihrem äußeren Handeln muss stimmen. 8-Menschen sind gefordert, ihr Schicksal in die eigene Hand zu nehmen und nicht andere die Verantwortung für sich übernehmen zu lassen. Das schafft für manche Konflikte in der Partnerschaft, vor allem, wenn z. B. der Mann ein traditionelles Rollenbild hat und die Frau selbst Verantwortung tragen möchte. Menschen mit der Lebensnummer 8 neigen dazu, die Welt eher negativ zu betrachten, und können schnell in ein depressives Verhalten abrutschen. Eine multiple 8 im Geburtsdatum fördert diese Neigung, und diese Menschen tun gut daran, sich im positiven Denken zu üben. Sie können damit ihr ganzes Potenzial freisetzen. Manche Personen mit mehr als einer 8 können bis zum Umfallen argumentieren, und man muss ganz schön auf Draht sein, um diesen Argumenten etwas Gleichwertiges entgegenzusetzen, das von ihnen akzeptiert wird. Wenn keine 3 im Geburtsdatum vorhanden ist, sind 8-Typen nicht sehr gesellig und brauchen auch nicht unbedingt viele Menschen um sich.

Die 8 ist die Zahl des materiellen Erfolges und des weltlichen Lebens. Sie repräsentiert das Unendliche und deshalb das Karma. Sie vereint die zwei Sphären von Himmel und Erde.

Die 9

Diese Menschen besitzen ein großes Verantwortungsbewusstsein. Sie sollten jedoch lernen zu unterscheiden, wann wirklich Hilfe erwartet wird oder ob ihre Gutmütigkeit und Bereitschaft zu helfen ausgenützt wird. Es ist natürlich sehr reizvoll, wenn man die Verant-

wortung, die man selbst nicht tragen will, jemand anderem aufhal-
sen kann, und dafür sind diese Personen wie geschaffen. Dadurch
wird sich der 9-Typ oft überfordert fühlen. Er muss lernen, sich abzugrenzen und auszuloten, wie viel er tragen kann und möchte. Viele von ihnen haben Rückenprobleme, da sie die aufgeladene Last
manchmal zu sehr drückt, aber sie möchten andere Menschen auf
keinen Fall vor den Kopf stoßen. Sie sehen es als ihre Aufgabe an,
Verantwortung zu tragen, sollten darüber jedoch nicht die Verantwortung für sich selbst vergessen.

Da die 9 eine analytische Zahl ist, haben diese Personen größere
analytische Fähigkeiten, die sie in ihrem Beruf oder in einer anderen geeigneten Tätigkeit ausleben sollten. Die 9 vereint alle Nummern in sich, und es werden sich den Betreffenden viele Möglichkeiten bieten. Sie sollten sich fragen, wie viele Gelegenheiten sie
schon ungenutzt vorbeiziehen ließen, weil sie gebraucht wurden, sie
unbedingt eine Pflicht erfüllen mussten und deshalb nicht in der Lage
waren, etwaige Chancen wahrzunehmen. Andererseits können diese Personen durch ihren wachen Verstand eine sich bietende Möglichkeit schnell analysieren, um im geeigneten Fall zuzuschlagen.

**Die 9 ist die Grundlage
aller Dinge. Sie ist die
wichtigste aller Grund-
zahlen, denn sie verei-
nigt die Qualitäten aller
Zahlen in sich und steht
für Gesamtheit.**

Die 11

Menschen mit der Lebensnummer 11 sind sehr sensibel und gehen
Stress und Schwierigkeiten möglichst aus dem Weg. Sie fühlen sich
verletzlich, und es gibt viele, die meinen, dass sie hinter einer selbst
aufgestellten Barriere sicher sind. Sie nehmen vieles zu persönlich,
fühlen sich angegriffen und ziehen sich in ihr Schneckenhaus
zurück. Viele 11-Typen wehren sich durch verbale Attacken oder
durch Boshaftigkeit. Es ist wichtig für sie zu erkennen, dass nicht alles, was für sie wie ein Angriff aussieht, auch einer ist. Eine 11 rechnet sich auch zu einer 2 und verleiht den Wunsch nach einem friedlichen Miteinander, was vielen jedoch immer wieder zu entgleiten
scheint. Personen mit der Lebensnummer 11 besitzen Einfühlungsvermögen, Menschenfreundlichkeit und Hilfsbereitschaft.

Im Hinblick auf die Möglichkeiten in ihrem Leben geht es auch hier
etwas durcheinander. Auf der einen Seite scheinen sich ihnen viele
gute Gelegenheiten zu bieten, doch in Bezug auf die 2 müssen sie
immer wieder feststellen, dass sich eine anscheinend große Aus-
wahl plötzlich auf 2 reduziert. Das Leben dieser Menschen ist also
immer Schwankungen unterworfen.

**Die 11 ist die Zahl der
Offenbarung, der trans-
zendentalen Erleuchtung
und des Märtyrertums.**

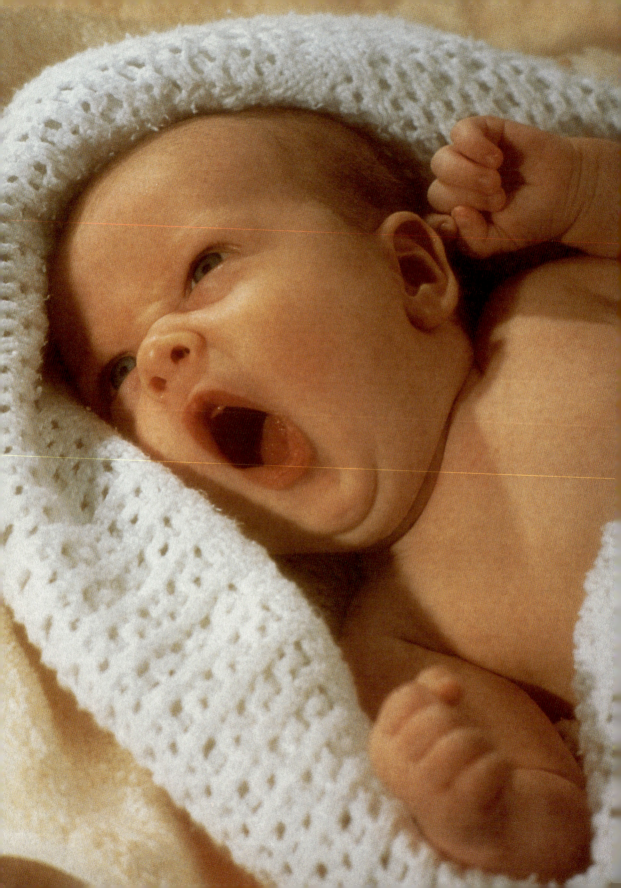

Der Geburtstag

Der Tag der Geburt hat bei der Auswertung des individuellen Charakters einen hohen Stellenwert. Wenn ich für eine Person die Zahlen auswerte, sehe ich mir immer zuerst den Geburtstag, dann den -monat, dann die Zahlen auf dem Numerologischen Quadrat und am Schluss die Lebensnummer an. Nach meiner Erfahrung hat der Geburtstag den größten Einfluss im Zusammenspiel der Geburtszahlen. Die Quersumme der Jahreszahl allerdings werte ich als positiven oder negativen Einfluss im gesamten Zahlenbild, und diese Quersumme übt dann ihren Einfluss bei den Dachzahlen und dem vorgeschriebenen Lebensweg aus.

Zweistellige Geburtstagszahlen könnte man zwar zu einer einzigen Zahl reduzieren, aber dies würde den betreffenden Menschen nicht gerecht werden. Bei einer zweistelligen Geburtstagszahl muss man immer berücksichtigen, dass hier zwei Energien am Werk sind, die entweder miteinander harmonieren oder total gegensätzlicher Natur sein können. Jeder, der ein zweistelliges Geburtsdatum hat, wird sich mit diesen verschiedenen Einflüssen auseinander setzen und zusätzlich noch – als geringerer Einfluss, aber doch gegenwärtig – sich mit der Quersumme dieses Geburtstags beschäftigen müssen. Auch ist es ein Unterschied, ob der Geburtstag mit einer 1 beginnt oder einer 2 oder 3. Wenn der Geburtstag mit einer 1 beginnt, wird die Energie und Qualität der 1 überwiegen. Umgekehrt, wenn der Geburtstag mit einer 2 oder 3 beginnt, wird die Energie und Qualität der jeweiligen Zahl den Vorrang haben. Ein Beispiel: Ist jemand am 12. des Monats geboren, so wird die Qualität der 1, der Unabhängigkeit und der Ichbezogenheit, vor der 2, dem Wirbewusstsein und dem Miteinander, überwiegen. Es besteht ein Konflikt zwischen 1 und 2, da sie gegensätzliche Qualitäten haben, doch die 1 wird vorrangig bleiben. Wenn wir den 21. des Monats dagegenhalten, ist es gerade umgekehrt. Hier hat die Qualität der 2, das Miteinander, das größere Gewicht. Auch hier besteht dieser Konflikt, der sich zugunsten der Qualität der 2 auswirken wird. Beide Zahlen rechnen sich zu einer 3 als Quersumme, so dass beiden Geburtstagen die Qualitäten erhöhter geistiger Mobilität und Kontaktfreudigkeit zugeordnet sind, diese aber jeweils anders genutzt werden. Wenn die 3 vorrangig ist, was nur beim 30. und 31. der Fall ist, gibt es keine so

Der Geburtstag veranschaulicht, wie man sich in seiner Umgebung, in Familie und Umfeld zeigt, und er bestimmt, wie sich ein Mensch in eine Gemeinschaft, sei es in Ehe, Familie oder in den Kollegenkreis, eingliedern kann.

großen Konflikte. Bei dem 30. des Monats verstärkt die nachfolgende 0 die Qualitäten der 3, und beim 31. des Monats verträgt sich die 1 mit den Qualitäten der 3.

Die Geburtstagszahlen

Geburtstagszahl 1

Ein Mensch, der am 1. eines Monats geboren ist, ist zuerst einmal ein Individualist und Einzelgänger. Auch wenn im Geburtsdatum noch eine 3 – also die Zahl, die dazu prädestiniert, gerne Menschen um sich zu haben – vorhanden ist, wird diese Person immer ihr eigenes privates Reich benötigen. Solche Menschen tun sich äußerst schwer, in einem Team zu arbeiten. Die am 1. Geborenen sind zielstrebig, unabhängig, innovativ, bereit, ihre Ziele konzentriert zu verfolgen. Jemand, der selbst unabhängig und wenig anlehnungsbedürftig ist, wird mit ihnen gut auskommen. Wenn man aber in der Partnerschaft von ihnen zu viel enge Gemeinsamkeit erwartet, wird man enttäuscht werden. Die negativen Seiten der 1 können sein: Materialismus, Egoismus, Arroganz, Eifersucht.

Für die 1 ist die Unabhängigkeit so wichtig wie das Atmen. Sie glaubt zu ersticken, wenn sie eingeengt wird. Man muss solche Menschen gewähren lassen, sie werden es zu schätzen wissen.

Geburtstagszahl 2

Die am 2. Geborenen haben ein ausgeprägtes Wirbewusstsein und stellen deshalb häufig ihre eigenen Interessen hinter denen ihrer Mitmenschen zurück. Zum einen um des lieben Friedens willen, zum anderen, weil die Interessen des anderen – sei es der Partner, Kinder etc. – vielleicht höhere Priorität haben als die eigenen. Wenn es den ihnen nahe stehenden Personen gut geht, dann geht es auch ihnen selbst gut, und sie blühen in einer harmonischen Beziehung erst richtig auf. An einem 2. Geborene lachen gerne und lieben es, gebraucht zu werden. Jedoch sollten sie wachsam sein, dass diese Bereitschaft, zuerst auf die Bedürfnisse anderer einzugehen, nicht ausgenutzt wird. Sie sind intuitive, einfühlsame, friedliebende Menschen, die unter Stresssituationen leiden.

Menschen, die am 2. des Monats geboren sind, müssen lernen, sich abzugrenzen und mehr auf die eigenen Bedürfnisse einzugehen. Durch ihr hohes Einfühlungsvermögen und ihre ausgeprägte Intuition neigen sie dazu, eher auf das zu reagieren, was ein anderer meint, und nicht unbedingt auf das, was diese Person tatsächlich gesagt hat. Ein Gesprächspartner erwartet eine Reaktion auf das ausgesprochene Wort und nicht auf etwas, was er vielleicht insgeheim meint, aber für sich behält. Am 2. Geborene werden immer wieder auf das Unausgesprochene reagieren, denn es ist für sie genauso Realität wie das gesprochene Wort. Es hilft, wenn man sich einen inneren Vorhang vorstellt, den man schließt, um sich auf die Realität zu konzentrieren. Als negative Eigenschaften sind mangelndes Selbstvertrauen, überemotionales Reagieren und leichte Beeinflussbarkeit anzuführen.

Am 3. Geborene sagen alles so, wie sie es sich denken. Sie sind direkt, doch kommt es von Herzen. Ein Leben mit solchen Menschen ist selten langweilig.

Geburtstagszahl 3

Die am 3. Geborenen sind charmant, aufgeschlossen, besitzen eine schnelle Auffassungsgabe und brauchen den Umgang mit anderen Menschen. Sie sind Schnelldenker, kreativ und fühlen sich oft beruflich eingeengt, wenn sie ihre geistige Mobilität und ihre Kontaktfreudigkeit nicht ausleben können. Sie sind eher für Berufe geeignet, in denen an sie hohe geistige Anforderungen gestellt werden und sie viel mit der Öffentlichkeit zu tun haben. Auch privat sind an einem 3. Geborene gerne unter Menschen. Sie benötigen viel Abwechslung in ihrem Leben und immer wieder neue Herausforderungen, denn wenn sie einmal etwas erreicht haben, wird es uninteressant. Die Routinearbeit überlassen sie lieber anderen. Auch kann man sie schlecht in eine Rolle zwängen. Durch ihren scharfen Verstand und ihre schnelle Auffassungsgabe können diese Menschen aber auch sehr verletzend sein.

Geburtstagszahl 4

Die 4 verkörpert den praktischen Menschen, geerdet, bodenständig, verantwortungsbewusst, solide. Es handelt sich um Personen, auf die man sich verlassen kann, die sich durch Schwierigkeiten durchbeißen und nicht gleich das Handtuch werfen. Sie sind gute, verlässliche Freunde. Wenn sie sich etwas vornehmen, sind sie gut organisiert und erledigen ihre Aufgabe sehr genau. Sie können in ihren Ansichten und Einstellungen allerdings etwas unflexibel sein, auch in ihrer Erwartungshaltung anderen gegenüber. Die am 4. Geborenen haben Probleme mit ihrem Selbstvertrauen, das ihnen immer wieder zu entgleiten scheint. Es ist ein Charakteristikum der 4, dass man sich dieses Selbstvertrauen von Zeit zu Zeit neu erarbei-

ten muss. Zu den negativen Eigenschaften der am 4. Geborenen zählen Dominanz und Gefühllosigkeit, vor allem, wenn emotionale Zahlen wie eine 2, 6 oder 7 im Geburtsdatum fehlen.

Geburtstagszahl 5

Wer an einem 5. geboren ist, liebt in erster Linie die Freiheit, den Wechsel, die Spannung, das Neue. Diese Menschen sind geradeheraus, haben Mut und Durchsetzungsvermögen. Sie sind für alles Innovative offen und haben eine unersättliche Neugier auf immer neue, weitere Horizonte. Den Ausspruch »geht nicht« gibt es für sie nicht. Es muss immer alles möglich sein. Auch in der Partnerschaft benötigen sie ihre Freiheit und können es nicht ertragen, eingeengt zu werden. Sie brechen lieber eine Beziehung ab, als das Gefühl zu haben, eingesperrt zu sein. Man muss diese Menschen am »langen Zügel« halten. Ihre negativen Seiten zeigen sie, indem sie unangenehm, verletzend, eigensinnig und selbstgefällig sein können.

Allein oder zu zweit sein, das ist das Dilemma, dem sich am 5. Geborene immer wieder stellen müssen. Es bedarf von allen Beteiligten sehr viel Verständnis, dieses Problem zu lösen.

Geburtstagszahl 6

Dies ist die Harmoniezahl. Menschen, die an einem 6. geboren wurden, sind harmoniebedürftig, lieben schöne Dinge, Tiere, eine angenehme, liebevolle Umgebung. Für sie sind eine Beziehung, Heim, Familie sehr wichtig. Allerdings tun sie sich mit diesem Ziel schwer. Sie vermitteln ihrer Umwelt oft den Eindruck, dass sie selbstständig sind und gut allein auf sich aufpassen können. In Wirklichkeit ist es genau umgekehrt, und sie wünschen sich nichts sehnlicher als eine glückliche Partnerschaft. Es scheint, als ob sie, bedingt durch ihr mangelndes Selbstvertrauen, einen Schutzwall um sich herum errichten, der oft schwer zu durchschauen und zu durchbrechen ist. Wenn sie den richtigen Partner gefunden haben, sind die am 6. Geborenen liebevoll, aufopfernd und bereit, sich anzupassen. Sie können in einer Beziehung aber auch sehr besitzergreifend sein. Ganz egal, wie erfolgreich diese Menschen sind, sie suchen und brauchen immer wieder ihre Selbstbestätigung. Sie werden sonst unzufrieden, schüchtern und ängstlich.

Geburtstagszahl 7

Die am 7. Geborenen haben einen ausgeprägten Gerechtigkeitssinn und mischen sich gerne in das Leben ihrer Mitmenschen ein, mit dem Ziel zu helfen. Sie sind sozial eingestellt und oft in helfenden

Berufen (Mediziner, Pflegepersonal, Physiotherapeut o. Ä.) zu finden. Sie wissen genau, was sie wollen, und schreiben Selbsterfahrung groß. Da sie eigentlich nur bereit sind, das zu glauben, was sie selbst erfahren haben, werden sie oft von anderen Menschen als ausgesprochen unflexibel, wenn nicht gar stur eingeschätzt. Sie bringen sich mit dieser Veranlagung immer wieder in große Schwierigkeiten, vor allem dann, wenn keine 2 in ihrem Geburtsdatum vorhanden ist. Sie sind dann erstaunt darüber, dass ihre Umwelt über ihr Tun verärgert ist, und können sich nicht vorstellen, warum.

Menschen mit der Geburtstagszahl 7 tendieren dazu, alles wörtlich zu nehmen, besonders dann, wenn keine 3 oder 8 im Geburtsdatum erscheint. Die 7 ist eine ambivalente Zahl, und die betreffenden Personen können unglaublich hilfsbereit sein. Wenn man ihnen aber auf der anderen Seite zu ihrem eigenen Besten von einer Handlung abrät, marschieren sie dennoch schnurstracks drauflos und tun es trotzdem. Es ist schwierig, ihnen begreiflich zu machen, dass nicht jede eigene Erfahrung eine bereichernde sein muss und dass man manchmal auch aus den Erfahrungen anderer lernen darf.

Personen, die an einem 7. geboren sind, reden sehr gerne, und zwar über das, was sie selbst gedacht und für sich beschlossen haben. Sie haben eine Neigung, Vorträge zu halten. Sie erwarten Anerkennung, denn trotz ihrer nach außen demonstrierten Stärke sind sie sehr auf die Bestätigung anderer angewiesen. Diese Menschen werden ihr Leben lang emotional gefordert und müssen sich immer wieder mit großen Schwierigkeiten auseinander setzen. Sie haben aber auch gleichzeitig die Kraft, diese zu meistern. Wenn sie ihre negative Seite voll ausleben, dann sind sie unvernünftig und nicht bereit, aus ihren Fehlern zu lernen.

Die 7 ist eine spirituelle Zahl, und viele mit diesem Geburtsdatum setzen sich für soziale Belange oder für die Umwelt ein. Diese Personen leben damit ein inneres Bedürfnis aus.

Geburtstagszahl 8

Die 8 steht für Geschäftssinn, Kreativität, Logik und trockenen Humor. Sie verleiht den Menschen, die an diesem Tag geboren sind, innere Kraft. Sie ist die Zahl des kühlen Denkens, aber auch des Negativen. Am 8. Geborene legen sehr großen Wert auf ihre Privatsphäre. Die 8 ist eine karmische Zahl und verlangt, dass man sein Leben im Gleichgewicht hält. Das bedeutet, dass man eine Entscheidung nicht nur des eigenen Vorteils oder des Geldes wegen fällen sollte, auch wenn die Versuchung dazu groß ist. Entscheidet man sich z. B. für einen Beruf, der zwar keinen Spaß macht, aber

viel Geld bringt, so kann es diesen Menschen passieren, dass sie eines Tages vor dem Nichts stehen, da die eigenen inneren Bedürfnisse dabei nicht berücksichtigt wurden. Sie sehen sich dann gezwungen, noch einmal ganz von vorne anzufangen. Das Prinzip des Gleichgewichts zwischen innen und außen sollte stimmen.

Zu den negativen Seiten der am 8. Geborenen zählt, dass sie manchmal nur noch die Schwierigkeiten des Lebens sehen und dabei das Schöne und Positive um sich herum nicht wahrnehmen. Sie können geizig und engstirnig sein, sehr verletzend, kalt, aggressiv und kalkulierend.

Vergessen Sie eines nicht: Verantwortungsbewusstsein ist eine Tugend, aber zu viel davon kann Sie in Ihrer Spontaneität und Kreativität hemmen.

Geburtstagszahl 9

Am 9. Geborene haben ein großes Verantwortungsbewusstsein. Sie werden in ihrem Leben immer wieder Verantwortung suchen oder tragen müssen. Auf der einen Seite finden sie Befriedigung, wenn man sie braucht, auf der anderen Seite laufen sie Gefahr, dass diese Bereitwilligkeit zu helfen ausgenutzt wird und ihr Kräftepotenzial überschritten wird. Es fällt ihnen schwer, sich zu wehren, da sie nicht wissen, wie sie sich abgrenzen sollen. Sie müssen in ihrem Leben lernen, diese Hilfsbereitschaft auch auf sich selbst zu beziehen und nicht nur auf andere. Durch eine zweite 9 im Geburtsdatum ergibt sich eine erhöhte analytische Fähigkeit, und man wird diese Menschen oft in Verkaufsberufen oder in Berufen, die mit Zahlen zu tun haben, finden. Da sie große geistige Mobilität besitzen, sind viele ganz auf ihre Denkweise fixiert und erwecken so den Eindruck, dass sie starrköpfig seien. Sie können auch sehr kleinlich und voller Vorurteile sein.

Geburtstagszahl 10

Personen, die am 10. geboren sind, haben Charakterstärke, denn die 0 verstärkt jede Zahl, hinter der sie steht. Sie können der Fels in der Brandung sein, wenn der Sturm losbricht. Sie sind unabhängig, haben Durchsetzungsvermögen, Enthusiasmus und ein starkes Ichbewusstsein. Man kann sich auf sie verlassen. Am 10. Geborene sagen ihre Meinung geradeheraus. Sie benötigen – wie bei der 1 geschildert – ihre Privatsphäre und ihr eigenes Reich, zu dem nur wenige Zugang haben, denn sie sind Individualisten. In Stresssituationen können sie jedoch auch ihre Selbstsicherheit verlieren und abhängig werden.

Geburtstagszahl 11

Die 11 ist die Zahl der Sensibilität. Personen, die am 11. geboren sind, sind äußerst sensibel, leicht verletzlich und neigen dazu, sich in ihr Schneckenhaus zurückzuziehen, sobald Schwierigkeiten im Anmarsch sind. Durch ihre hohe Sensibilität fühlen sie sich schnell angegriffen, auch wenn es nicht so gemeint war. Es fällt ihnen dann sehr schwer, diesen Unterschied herauszufinden. Diese Menschen müssen lernen, genau zuzuhören und zu überlegen, ob es denn wirklich so gemeint war, wie sie es empfunden haben, ehe sie sich zurückziehen oder beleidigt sind. Es könnte doch sein, dass der andere kein Fingerspitzengefühl besitzt (keine 2) und somit gar nicht weiß, dass seine Worte verletzend angekommen sind.

Eine Partnerschaft ist den am 11. Geborenen besonders wichtig. Sie müssen jedoch lernen, mit ihrer Empfindsamkeit konstruktiv umzugehen. Durch ihre hohe Sensibilität sind sie hilfsbereit und menschenfreundlich und können sich in eine Sache hineinfühlen. Sie müssen nur aufpassen, dass sie nicht zu viel mitleiden. Außerdem sind sie kreativ. Zu ihren negativen Eigenschaften gehört es, dass sie hoch emotional und überempfindlich sind. Wenn sie sich dadurch zu unüberlegten Taten hinreißen lassen, fallen diese selbst gemachten Schwierigkeiten immer wieder auf sie zurück.

Geburtstagszahl 12

Die am 12. Geborenen haben ein gesundes Selbstbewusstsein. Sie lieben ihre Unabhängigkeit, sind innovativ und zielstrebig. Auf der anderen Seite steht die 2, die diesen Menschen Fingerspitzengefühl und Teamgeist gibt wie auch die Bereitschaft, die Wünsche des Partners vor die eigenen zu stellen. Dies ist natürlich ein Konflikt in sich, denn die primäre 1 in diesem Geburtsdatum stellt zuerst die eigenen Interessen in den Vordergrund, und da die 1 den ersten Stellenwert hat, werden die eigenen Wünsche oft siegen, auch wenn man danach ein schlechtes Gewissen hat. Diesen Konflikt müssen diejenigen, die an diesem Tag geboren sind, unter einen Hut bringen. Und, was noch wichtiger ist, sie müssen lernen, in Harmonie damit zu leben. Sie sind außerdem geistig mobil, neugierig und gehen gerne auf Menschen zu. Sie habe eine hilfsbereite, freundliche Natur und sind sehr umgänglich. Ihre negative Seite zeigen sie, indem sie sich leicht entmutigen lassen und sich von ihren Mitmenschen zurückziehen.

Mit dem Geburtstag am 12. eines Monats haben Sie ein gesundes Selbstbewusstsein mit auf Ihren Lebensweg bekommen. Genießen Sie die dadurch gewonnene Unabhängigkeit, aber seien Sie anderen gegenüber nicht arrogant. Lassen Sie sie von Ihrer Liebenswürdigkeit profitieren.

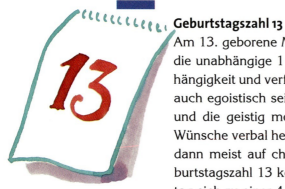

Geburtstagszahl 13

Am 13. geborene Menschen sind oft starke Persönlichkeiten durch die unabhängige 1 und die geistig flexible 3. Sie lieben ihre Unabhängigkeit und verfolgen zielstrebig ihre Vorhaben. Sie können aber auch egoistisch sein, da die 1 ihnen das Ichbewusstsein vermittelt und die geistig mobile 3 ihnen das Werkzeug gibt, ihre eigenen Wünsche verbal hervorragend durchzusetzen. Das machen sie aber dann meist auf charmante Art und Weise. Personen mit der Geburtstagszahl 13 können sich gut organisieren, da dieser Geburtstag sich zu einer 4 als Quersumme rechnet. Allerdings raubt ihnen diese 4 immer wieder das Selbstvertrauen, und sie werden ständig nach Bestätigung suchen, egal, wie gut es ihnen geht. Aus diesem Grund sehen sie die Welt oft schwärzer, als sie in Wirklichkeit ist. Zu ihren negativen Eigenschaften zählt, dass sie durch ihre verbalen Fähigkeiten äußerst verletzend sein können. Auch sind sie mitunter überpenibel und kritisch oder fühlen sich missverstanden.

Der 14. steht für Vielseitigkeit, Vorstellungskraft und Zielstrebigkeit. Lassen Sie sich durch Ihren Freiheitsdrang nicht zu oft von Ihren Zielen abbringen. Irgendwann erkennen Sie, dass nicht jeder neue Regenbogen das erhoffte Glück bringt, aber dass das Glück manchmal ganz nah sein kann.

Geburtstagszahl 14

Menschen, die am 14. geboren sind, besitzen die unabhängige 1, die praktische 4 und mit der Quersumme die freiheitsliebende 5. Diese Personen wären auf der einen Seite lieber unabhängig, sind jedoch auf der anderen Seite in Bezug auf ihre wirtschaftliche Lage und ihre Lebensmöglichkeiten sehr auf Sicherheit bedacht und ordnen sich doch lieber in ein System ein, als den Sprung ins Ungewisse zu wagen. Wenn sie sich entschlossen haben, sich einzuordnen – sei es in einer Partnerschaft, beruflich oder anderweitig –, bleibt jedoch dieser leichte Hang zur Freiheit und Unabhängigkeit bestehen. Es ist wichtig, dass sie sich mit den unterschiedlichen Neigungen, die ihre Geburtstagszahl enthält, anfreunden und allen Qualitäten einen gewissen Raum geben. An einem 14. Geborene sind meistens geradeheraus und lassen sich ungern sagen, was zu tun ist. Sie können sehr dominierend und kompromisslos sein.

Geburtstagszahl 15

Diese Menschen sind direkt und ohne Umschweife. Sie sind unabhängig und lassen sich ungern anbinden. Sie benötigen ihren Freiraum, haben Durchsetzungsvermögen und können ein ins Auge gefasstes Ziel konsequent ansteuern. Da ist aber immer diese Sehnsucht nach einem harmonischen Miteinander, das so gar nicht zur unabhängigen 1 und der freiheitsliebenden 5 passt. Doch dieser Geburtstag rechnet sich als Quersumme zu einer 6, die total gegensätzliche Ziele zu den Zahlenqualitäten der 1 und der 5 verfolgt. Deshalb wirken diese Menschen auf ihre Umwelt zeitweise eher konfus, da sie anscheinend nicht wissen, was sie wirklich wollen. Sie wollen Freiheit und Unabhängigkeit und gleichzeitig eine harmonische Partnerschaft, was sich oft sehr schwer vereinbaren lässt. Negativ fällt auf, dass sie rücksichtslos und hart sein können.

Geburtstagszahl 16

Am 16. Geborene haben einen Konflikt. Als Erstes kommt die unabhängige, sich selbst verwirklichen wollende 1, daneben steht die Harmonie suchende 6, und das alles gibt eine Quersumme von 7. Sehen Sie, was ich meine? Auf der einen Seite wünscht man sich eine friedliche und harmonische Familie, steht sich aber oft selbst im Weg durch die Eigenschaft der 1, die immer den eigenen Kopf durchsetzen möchte, gestärkt durch die 7, die sagt, dass Selbsterfahrung das Wichtigste ist. Deshalb ist für diese Menschen Unabhängigkeit sehr wichtig, und wenn sie dann noch einen verständnisvollen Partner finden, der ihren Drang zur Unabhängigkeit versteht, sind sie fast wunschlos glücklich. Es ist aber sehr schwer für einen Partner, diese so gegensätzlichen Charaktereigenschaften zu verstehen, können doch die Betroffenen selbst nicht erklären, was sie umtreibt. Da durch die 6 trotz der starken 1 das Selbstbewusstsein immer wieder verloren geht, zweifeln diese Menschen häufig an ihren Fähigkeiten, ihre Ziele zu erreichen und damit die unabhängige 1 auszuleben.

Ihre negative Seite zeigen Menschen mit diesem Geburtsdatum, indem sie sehr dominierend und launisch sein können, vor allem, wenn sie ihren Frust, die so verschiedenen Veranlagungen nicht zu einem harmonischen Ganzen vereinen zu können, an ihrer Umwelt auslassen.

Geburtstagszahl 17

Am 17. Geborene sind fähige Menschen. Sie sind durch die 1 zielstrebig und unabhängig, sozial eingestellt und möchten am liebsten ihre eigenen Erfahrungen machen. Die 8 als Quersumme dieses Geburtstags gibt ihnen viel innere Kraft. Sie sind bereit, aktiv zu werden und zu helfen, statt nur als Zuschauer am Rande zu stehen.

Menschen, die am 16. geboren sind, können andere mit ihrer Gegensätzlichkeit ganz schön durcheinander bringen. Die Frage, was ihnen wichtiger ist, ob Unabhängigkeit oder ein gemütliches Zuhause, können sie oft nicht beantworten, denn sie wissen es selbst nicht. Eigentlich brauchen sie immer von beidem etwas.

Viele lieben es, sich selbst reden zu hören, und es fällt ihnen schwer, ein Ende zu finden. Andere halten es mit den konventionellen Traditionen und lieben ihr Zuhause. Wenn am 17. Geborene ihre negative Seite ausleben, dann sind sie launisch, gemein, nachtragend, rechthaberisch und suchen pausenlos nach Selbstbestätigung.

Geburtstagszahl 18

Menschen, die am 18. geboren wurden, sind sehr hilfsbereit. Man kann sie praktisch zu jeder Tages- und Nachtzeit um Hilfe bitten, und sie werden sich nicht verweigern. Dieses Geburtsdatum beinhaltet die unabhängige 1 zusammen mit der starken, logischen 8, was sich zur verantwortungsbewussten 9 rechnet. Immer, wenn ich Menschen mit diesem Geburtstag darauf ansprach, warum sie so oft helfen, obwohl sie überhaupt keine Lust dazu haben, lächelten sie meist ein wenig verlegen. Sie können eben nicht anders. Sie lieben es, gebraucht zu werden, tun sich aber schwer, sich abzugrenzen. Der Quersumme 9 steht die starke 8 gegenüber und gibt ihnen ein ungeheures mentales Potenzial, das aber auf zwei verschiedenen Ebenen läuft: der Logik und der analytischen Fähigkeiten.

Menschen, die am 18. geboren sind, neigen dazu, immer alles genau zu hinterfragen, was manchmal ins Uferlose führen kann. Durch die 8 haben sie auch eine Portion Negativität mitbekommen, und sie sollten sich immer um ein Gleichgewicht ihres inneren Selbst und ihrer Lebensumstände bemühen. An negativen Eigenschaften ist zu erwähnen, dass sie manipulativ, immer zu Auseinandersetzungen bereit und schwer zufrieden zu stellen sind.

Hilfsbereitschaft schreiben am 18. Geborene groß. Sie befinden sich dabei in guter Gesellschaft von Papst Johannes Paul II., Wolfgang Schäuble, Michael Stich, aber auch Steven Spielberg und Brad Pitt.

Geburtstagszahl 19

Am 19. geborene Menschen haben ein teilweise sehr schwieriges Geburtsdatum, denn die Zahlen in dieser Kombination sind total gegensätzlich. Die 1 vertritt Unabhängigkeit, Ambitionen, das Ich, die 9 hingegen Verantwortung und Selbstlosigkeit anderen gegenüber, auch gegen die eigenen Interessen. Da die Quersumme sich wieder zu einer 1 rechnet, haben sehr viele am 19. Geborene Schwierigkeiten mit diesem Konflikt, die eigenen Interessen und die Interessen der Geschäftspartner oder der Familie in Einklang zu bringen. Durch die primäre Zahl 1 werden letztendlich die eigenen Interessen den Vorrang haben, auch wenn dies mit einem unguten Gefühl verbunden sein kann. Die 1 ist der Anfang, die 9 steht für das Ende,

und es ist schwierig, diese unterschiedlichen Strömungen harmonisch unter einen Hut zu bringen. Die betreffenden Personen haben sehr viel konstruktive geistige Energie, wenn sie diese Kombination positiv ausleben. Sie sind analytisch, widerstandsfähig, einfallsreich, hilfsbereit und gute Freunde. Auf der anderen Seite können sie aber auch recht unangenehm, böse, besitzergreifend, eifersüchtig und neurotisch sein.

Geburtstagszahl 20

Die 2 steht für Intuition, Fingerspitzengefühl und Einfühlungsvermögen, und all das wird noch verstärkt durch die 0. Das bedeutet für die, die am 20. Geburtstag haben, dass sie gefühlsmäßig alles intensiver und näher erleben. Aus diesem Grund können sie nicht sehr gut mit Stress umgehen. In einem Gespräch hören sie nicht nur, was der Gesprächspartner sagt, sondern sie glauben auch zu wissen, was er wirklich meint. Wenn sie auf das reagieren, was nicht ausgesprochen wurde, geraten diese Menschen oft mit sich in Konflikt, da es ihnen schwer fällt, Fiktives und Realität zu unterscheiden. Man sollte sich deshalb nicht wundern, wenn sie manchmal Emotionen in einem Wutausbruch herauslassen, um den aufgebauten inneren Stress loszuwerden. Man sollte dies nicht zu tragisch nehmen, es geht bald wieder vorbei.

Wichtig ist ein Platz, an den sich die am 20. Geborenen zurückziehen können, um Ruhe und Kraft zu tanken. Da die 2 die primäre Zahl ist, sind diese Menschen am glücklichsten in einer Beziehung. Sie haben auch künstlerisches Talent und ausgeprägte intuitive Fähigkeiten, wenn sie sie zulassen. Sie sind bereit, sehr viel in eine Partnerschaft zu investieren. Wenn sie die Charaktereigenschaften ihres Geburtstags allerdings negativ ausleben, dann sind sie verunsichert, zu gefühlsbetont und in sich gekehrt.

Wer am 20. geboren ist, hat eine sensible Seele, und es fällt ihm bzw. ihr nicht leicht, konstruktiv mit Stress umzugehen. Es ist gut, sich einen äußeren Ausgleich zu schaffen – Sport oder eine künstlerische Betätigung –, um das innere Gleichgewicht zu halten.

Geburtstagszahl 21

Im Gegensatz zur Geburtstagszahl 12 ist hier die primäre Zahl die 2 mit ihren sensitiven, intuitiven Qualitäten und hat daher die größere Kraft in dieser Kombination als die unabhängige, ehrgeizige 1. Für diese Menschen ist eine gute Beziehung sehr wichtig, und im Gegensatz zur 20 können sie die unabhängige, ichbezogene 1 zu Hilfe nehmen. Da sich dieser Geburtstag zur 3 rechnet, können diese Personen gut mit ihren Mitmenschen umgehen. Sie sind verständ-

Für Menschen, die am 22. geboren sind, ist eine Partnerschaft sehr wichtig, und aufgrund ihres Einfühlungsvermögens sind sie auch meist sehr angenehme Partner.

nisvoll und umsichtig, mit viel Taktgefühl und bemüht, in einem Streit immer beide Seiten zu sehen. Sie werden immer versuchen, eine Auseinandersetzung friedlich zu schlichten, denn für sie ist Streit absolute Zeitverschwendung. Wenn sie ihren Konflikt zwischen der 2 und der 1 nicht zu einem harmonischen Ganzen vereinen können, dann neigen am 21. Geborene zur Streitsucht, zu innerem Frust, Neid, Habgier und können anderen gegenüber sehr verletzend werden.

Geburtstagszahl 22

Obwohl durch die doppelte 2 in diesem Geburtsdatum eine erhöhte Intuition und Sensibilität besteht, rechnet sich der Geburtstag aber auch zu einer 4, was diesen Menschen eine realistische, solide Basis gibt. Es sind Personen, die einer direkten Konfrontation lieber aus dem Weg gehen, da sie mit emotionalen Schwierigkeiten nur sehr schwer fertig werden. Eine gut funktionierende Partnerschaft ist für sie lebenswichtig, und sie haben das Einfühlungsvermögen, sich ganz auf ihre Mitmenschen einstellen zu können. Da sich die 22 aber auch zu einer 4 rechnet, haben die an diesem Datum Geborenen praktisches Talent, Organisationsvermögen – und doch verlieren sie immer wieder ihr Selbstvertrauen. Sie sind stark und gleichzeitig verletzlich. Es ist nicht ganz einfach, diese Widersprüche zu einem harmonischen Ganzen zu vereinen.

Wenn sie mit sich zufrieden sind, können die betreffenden Menschen konsequent und ruhig ihre Ziele verfolgen, da sie über sehr viel Ausdauer verfügen. Sie haben einen ausgeprägten Beschützerinstinkt, sind hilfsbereit und realistisch. Sie können ganz in einer Beziehung aufgehen, für sie ist die richtige Partnerschaft das Allerwichtigste im Leben. An negativen Eigenschaften ist anzuführen, dass sie sehr egoistisch, besitzergreifend und zerstreut sein können.

Geburtstagszahl 23

Die 23 kombiniert das Wirbewusstsein und den Hang zur Geselligkeit mit einer schnellen Auffassungsgabe und ergibt als Quersumme eine 5. So haben Menschen, die am 23. geboren sind, einen leisen Konflikt zwischen der partnerschaftsverbundenen 2 und der freiheitsliebenden 5. Am liebsten wäre ihnen eine feste Bindung, in welcher der andere ihnen genügend Freiheit lässt, denn natürlich möchte die 2 eine funktionierende und schöne Partnerschaft. Es ist ein Balanceakt, diesen Wunsch nach einer festen Partnerschaft und den inneren Freiheitsdrang auf einen Nenner zu bringen, um sich Harmonie zu verschaffen. Die 3 gibt diesen Menschen geistige Mobilität und eine schnelle Auffassungsgabe. Alle im Jahr 1900 Geborenen haben außerdem die Ebene der Gedanken, was bedeutet, dass sie immer voller Ideen und Gedanken sind und ihr Kopf selten still steht. Meditation ist hier ein gutes Hilfsmittel, um sich Ruhe zu verschaffen. Diese Menschen lieben keine Routine. Sie sind Schnelldenker, können aber durch ihre Worte auch sehr verletzend sein, desgleichen nörglerisch, kalt und gefühllos.

Geburtstagszahl 24

Am 24. Geborene sind nette Menschen, freundlich und hilfsbereit. Das kommt daher, dass diese Zahlen miteinander harmonieren: die 2 für das Wirbewusstsein, die praktische 4 und als Quersumme die harmonische 6. Das alles kombiniert sich zu einem sehr umgänglichen Typen. Die betreffenden Personen sind aktiv, voller Energie und praktisch veranlagt. Jedoch meiden sie Konfrontationen, wo immer möglich. Sie lieben eine harmonische Partnerschaft und sind bereit, viel dafür zu investieren. Die 4 gibt ihnen Festigkeit und die Fähigkeit, ihr Leben zu organisieren.

Allerdings müssen am 24. Geborene ihr Selbstvertrauen immer wieder neu aufbauen, da die 4 es ihnen nimmt. Man sollte sich jedoch nicht von ihrer Freundlichkeit täuschen lassen, denn es kann sehr viel Willenskraft oder auch Egoismus dahinter stecken. Doch um das herauszufinden, muss man sich auch noch die anderen Zahlen im Geburtsdatum ansehen. Negativ fällt bei diesen Menschen auf, dass sie sowohl eifersüchtig als auch nachtragend und hypersensibel sein können.

Personen mit der Geburtstagszahl 24 sind besonders umgänglich. Doch sollte man sie nicht unterschätzen, denn unter der weichen, freundlichen Schale versteckt sich oft ein harter Kern.

Geburtstagszahl 25

Dieser Geburtstag vereint die friedliche 2, die freiheitsliebende 5 und als Quersumme die Erfahrung sammelnde 7. Trotz der gegensätzlichen Energien und Qualitäten sind diese Menschen ruhig, oft bescheiden und emotional. Allerdings haben sie auch Durchsetzungsvermögen; wann immer sie es für notwendig halten, werden sie loslegen. Durch die 7 als Quersumme haben diese Personen einen Sinn für Gerechtigkeit und setzen sich für andere ein. Obwohl ihnen eine Partnerschaft sehr wichtig ist, brauchen sie doch immer wieder Aufregung in ihrem Leben und die Möglichkeit, Erfahrungen selbst zu sammeln. Man sollte sich die anderen Zahlen im Geburtsdatum ansehen, ob noch eine 2 oder 5 vorhanden ist. Im ersten Fall wird der Hang nach Zweisamkeit überwiegen, im zweiten der Drang nach Freiheit, zum Neuen, Aufregenden, Abwechslungsreichen.

Ihre negative Seite zeigen diese Menschen, indem sie unfähig sein können, Entscheidungen zu treffen. Sie sind unberechenbar, launisch, nervös und gehen nach Möglichkeit jedem Konflikt lieber aus dem Weg, als dass sie ihn zu lösen versuchen.

Am 27. Geborene übernehmen Verantwortung, wenn sie müssen. Allerdings spielen sie lieber die zweite Geige oder agieren hinter den Kulissen, wo sie in Ruhe ihren Pflichten nachkommen können.

Geburtstagszahl 26

Menschen mit der Geburtstagszahl 26 haben, wie bei allen Daten mit einer 2, ein sehr gutes Wirverständnis, außerdem Harmoniebedürfnis und einen Sinn für das Schöne. Der Familiensinn ist stark ausgeprägt. Dieser Geburtstag rechnet sich aber auch zur 8, was diesen Personen Kraft gibt, die man ihnen zunächst gar nicht zutraut. Sie sind bereit, sich – wenn nötig – für ihre Familie aufzuopfern, sie sind verständnis- und rücksichtsvoll. Sie sind aber auch ehrgeizig und unabhängig und erwarten von anderen, dass sie ihren Teil zum gemeinsamen Leben beitragen. Durch die 6 werden sie immer wieder an sich zweifeln, da diese Zahl das Selbstvertrauen infrage stellt. Eine verständnisvolle Partnerschaft kann viel dazu beitragen, ihr inneres Gleichgewicht wieder zu finden.

Es ist wichtig, sich daran zu erinnern, dass die Quersumme 8 karmisch ist und damit von den am 26. Geborenen verlangt, ein gesundes Gleichgewicht in ihrem Leben zu halten. Wenn dieses Geburtsdatum negativ ausgelebt wird, dann sind die betreffenden Personen oft angeberisch und arrogant, und es fehlt ihnen an dem nötigen Durchhaltevermögen.

Geburtstagszahl 27

Diese Menschen sind Führende, obwohl sie es eigentlich gar nicht sein wollen. D. h., sie nehmen Pflichten und Ämter an, wenn sie ihnen angeboten werden, drängen sich aber nicht auf. Die Quersumme rechnet sich zu einer 9, und das bedeutet Verantwortungsbewusstsein. Durch die 2 erhalten die betreffenden Personen Verständnis und Einfühlungsvermögen anderen gegenüber, durch die 7 beharren sie auf ihrem Standpunkt, wenn es einen zu verteidigen gilt. Diese Menschen nehmen die ihnen übertragenen Pflichten und Aufgaben sehr ernst und erfüllen sie verantwortungsvoll. Wie bei allen mit einer 2 Geborenen ist ihnen eine Partnerschaft sehr wichtig. Sie können sich aber auch in etwas verrennen, da sie nur ungern einen guten Rat annehmen und man sie von einmal gefällten Entscheidungen schwer abbringt, auch wenn diese zu ihrem Nachteil sind. Auf der anderen Seite sind sie in der Lage, ihre Entscheidungen durchzuboxen, wenn es notwendig ist. Viele sind hilfsbereit und setzen sich für schlechter gestellte Menschen ein. Auf der anderen Seite können am 27. Geborene aber auch sehr hart und kompromisslos sein und haben manchmal einen Hang zur Streitsucht.

Geburtstagszahl 28

Menschen mit dieser Zahl haben es nicht leicht, die gegensätzlichen Qualitäten ihres Geburtsdatums in Einklang zu bringen. Auf der einen Seite die partnerschaftliche, intuitive 2, auf der anderen Seite die starke, machtvolle 8 und als Quersumme die unabhängige 1. Sie werden immer wieder mit sich in Konflikt geraten zwischen dem Wunsch nach Partnerschaft und Gemeinsamkeit und dem Drang zur Unabhängigkeit. Es ist schwierig zu entscheiden, was man letztendlich wirklich will. Im Grunde ihres Herzens sind die Betreffenden friedliebende Menschen, doch wenn man sie einengen will, wehren sie sich vehement, auch wenn sie andere damit verletzen. Sie lassen sich nichts gefallen und zu nichts zwingen. Andererseits jedoch sind sie liebevolle Partner, wenn sie sich verstanden fühlen. Die 8 vermittelt ihnen Kraft, Organisationsvermögen und einen logischen Verstand.

Wichtig ist es für die betreffenden Personen, die verschiedenen Einflüsse, die sich aus dem Geburtsdatum ergeben, in Einklang zu bringen. Schuldzuweisung ist vergeudete Energie. Man sollte sich auch die anderen Zahlen im Geburtsdatum ansehen, um feststellen zu können, ob die Zweisamkeit oder die Unabhängigkeit überwiegt, d. h. ob noch eine andere 2 im Geburtsdatum erscheint oder ob vielleicht noch eine 1 vorrangig ist. Da die 8 auch eine karmische Zahl ist, muss man sich darüber im Klaren sein, dass ein vernünftiges und gesundes Gleichgewicht im Leben geschaffen werden muss. Ihre negative Seite zeigen am 28. Geborene, indem sie kalt, unmotiviert, unrealistisch sind und dazu neigen, sich in Tagträumen und Phantasien zu verlieren.

Menschen, die am 28. geboren sind, brauchen oft mehrere Anläufe, um den richtigen Partner zu finden, denn manchmal dichten sie dem anderen ihre Wunschvorstellungen einfach an, was nicht immer gut geht. Doch wenn sie die richtige Wahl getroffen haben, dann sind sie in der Partnerschaft liebevoll und fürsorglich.

Geburtstagszahl 29

Hier wird die intuitive 2 gepaart mit der verantwortungsbewussten 9 und macht diese Menschen durch die Quersumme sehr empfindsam und sensibel. Wenn immer möglich, gehen sie Streit, Konfrontation und Aussprachen lieber aus dem Weg, als sich ihnen zu stellen und verpassen damit die Möglichkeit, dass andere sie besser verstehen lernen. Sie sollten wissen, dass man nicht alle Probleme unter den Teppich kehren kann, denn sie verschwinden nicht, sondern erscheinen immer wieder aufs Neue, bis man sich ihnen stellt. Diese Personen lassen sich auch ungern in die Karten sehen, behalten ihre innersten Gefühle lieber für sich und werden nervös, wenn sie glauben, dass man ihnen zu nahe kommt. Durch ihre analytischen Fähigkeiten sind sie in der Lage, andere während einer Diskussion so durcheinander zu bringen, dass diese am Ende selbst nicht mehr wissen, was sie eigentlich wollten, und ihnen erst später bewusst wird, dass sie manipuliert worden sind. Diese analytischen Fähigkeiten gibt den am 29. Geborenen auch das Potenzial, beruflich sehr erfolgreich zu sein. Sie können aber auch ihre negative Seite herauskehren, indem sie Geheimniskrämer, unehrlich und nur auf ihren eigenen Vorteil bedacht sind.

Fröhlich, hilfsbereit, scharfzüngig und dominant – das sind alles Eigenschaften von Menschen, die am 30. Geburtstag haben. Welche Eigenschaft überwiegt bei Ihnen?

Geburtstagszahl 30

Hier ist die geistig mobile 3 die primäre Zahl und beschert den betreffenden Personen eine entsprechend hohe geistige Mobilität und schnelle Auffassungsgabe. Wenn aber eine 2 im Geburtsdatum fehlt und damit das natürliche Fingerspitzengefühl, sind sie zeitweise wie ein Elefant im Porzellanladen. Diese Menschen scheuen sich nicht, ihre Ansichten zu vertreten, und haben eine sehr genaue Vorstellung, was sie möchten und was sie akzeptieren. Wenn man nicht mit einem gut durchdachten Gegenargument kommt, hat man bei ihnen wenig Chancen, ernst genommen zu werden. Die 0 verstärkt die 3 und verleiht ihnen zusätzliche geistige Mobilität und Scharfsinn. Am 30. Geborene sind Schnelldenker, haben eine schnelle Auffassungsgabe, sind freundlich, offen, ehrlich und idealistisch.

Kommunikation ist für sie äußerst wichtig, und der tägliche Ideenaustausch ist für sie ein Bedürfnis. Diese Redefreudigkeit erweckt oft den Anschein an einem Interesse für Partnerschaft, doch wenn nicht noch eine 2 im Geburtsdatum erscheint, sind diese Menschen eher egoistisch eingestellt. Auch haben sie das Talent, einem so

lange das Wort im Mund umzudrehen, bis man aufgibt. Ihre negativen Eigenschaften zeigen sie, wenn sie tyrannisch, kalkulierend, sarkastisch und verletzend sind.

Geburtstagszahl 31

Hier ist die geistig mobile 3 kombiniert mit der unabhängigen, innovativen 1, und das rechnet sich zur stabilen 4. Es ist eine starke, dominierende Kombination, da die 3 die Ideen bringt, die 4 sie umsetzt und die 1 die Unabhängigkeit fördert. Menschen, die am 31. geboren sind, wissen genau, was sie wollen. Deshalb ist es schwierig zu verstehen, warum sie trotzdem immer wieder unter mangelndem Selbstvertrauen leiden. Schuld daran ist die versteckte 4. Wenn sie in der Lage sind, diese Verunsicherung zu überwinden, können sie alles erreichen, was sie sich vornehmen. Am 31. Geborene gehen gerne auf Menschen zu, sind kommunikationsfreudig und großzügig. Sie haben wenig übrig für Leute, die sich nicht entscheiden können oder immer wieder ihre Meinung ändern. In einer Partnerschaft verlangen sie Ehrlichkeit und erwarten absolute Loyalität. Sie sind charmant, rücksichtsvoll und liebevoll. Viele von ihnen arbeiten sehr hart und sind gut organisiert. Sie können aber auch skrupellos, gemein und äußerst sarkastisch sein.

Die Zahlenqualität des Geburtsmonats stärkt oder schwächt die Qualität des Geburtstags. Beispiel: 1.11. – die 1 ist stark und innovativ, die 11 ist leicht verletzlich. Es wird eine Lebensaufgabe sein, solche Gegensätze im Laufe der Zeit harmonisch zu vereinen.

Der Geburtsmonat

Neben dem Einfluss der Zahlenqualität unseres Geburtstags spielt auch die Zahlenqualität des Geburtsmonats eine vorrangige Rolle. Nehmen wir als Beispiel jemanden, der im März, also im 3. Monat des Jahres, geboren wurde. Dies besagt, dass die betreffende Person gerne Menschen um sich hat, denn die 3 ist die Zahl, die charmant und gesellig macht. Ist jemand aber im 12. Monat geboren – eine Zahl, die sich auch in ihrer Quersumme zur 3 rechnet –, dann wäre der Einfluss der Zahlenqualität der 1 und 2 vorrangig zur Quersumme 3.

Monatszahl 1

Menschen mit einer Monatszahl 1 haben zeitweise etwas von einem Einsiedler an sich. Sie halten Distanz, fühlen sich dabei selbst isoliert und müssen sich trotzdem immer wieder zurückziehen und für sich sein. Wenn sie sich nach einem Partner umsehen, wäre jemand mit einer ähnlichen Veranlagung sicher besser geeignet als jemand, der eine prominente 2 in seinem Geburtstag hat. Menschen mit der Monatszahl 1 verstehen die Notwendigkeit des Alleinseins, um neue Kräfte zu tanken, und fühlen sich nicht vor den Kopf gestoßen, wenn der Partner die Türe hinter sich zumacht. Wie alle Personen mit einer primären 1 möchten sie ihre eigenen Entscheidungen treffen, unabhängig sein und lassen sich ungern in ihr Leben dreinreden. Wenn sie sich zur Wehr setzen, können sie allerdings sehr unangenehm werden.

Intuition ist Menschen mit dem Geburtsmonat 2 in hohem Maße zu Eigen. Doch sollten sie nicht sofort reagieren, wenn sie die Ansprüche von anderen spüren und diese erfüllen möchten. Es ist manchmal besser abzuwarten, bis die Wünsche konkretisiert werden.

Monatszahl 2

Hierbei handelt es sich um intuitive Menschen, die wie durch einen sechsten Sinn wissen, wann und ob ihnen nahe stehende Personen Hilfe brauchen. Die Frage: »Wie wusstest du, dass du mich anrufen solltest?« können sie nur so erklären, dass sie eine innere Unruhe getrieben hat, irgendetwas Vages, und dass sie einfach darauf reagiert haben. Sie besitzen das Talent, sich in eine andere Person hineinzuversetzen und wie durch Zufall Dinge anzusprechen, die diese Person eigentlich verbergen wollte. Menschen mit der Monatszahl 2 haben eine innere Stimme, die ihnen deutlich sagt, was für sie richtig oder falsch ist, und sie sollten unbedingt auf diese Stimme hören. Der Ausspruch »Ich weiß es einfach« ist typisch für sie. Sie können aber auch zu anhänglich werden und laufen dann Gefahr, ihre eigene Identität zu verlieren und sich von ihrer Umwelt zu leicht beeinflussen zu lassen.

Monatszahl 3

Menschen mit einer 3 als Monatszahl verbreiten oft gute Laune in ihrer Umgebung. Sie können gut mit anderen umgehen und sind ihrer Umwelt gegenüber aufgeschlossen. Sie haben Charme und eine große Anziehungskraft. Auch besitzen diese Menschen einen wachen Verstand und eine schnelle Auffassungsgabe. Man kann mit ihnen viel Spaß haben, allerdings vertragen sie Kritik nicht besonders gut und können dann ganz schön bissig werden. Sie sind in der Lage, sich an alle großen Ereignisse zu erinnern, aber wenn man von ihnen wissen will, wo sie ihren Schlüssel oder ihre Brille hingelegt haben, wissen sie es meistens nicht. Es hilft, wenn sie sich für diese Sachen immer einen festen Platz aussuchen. Sie laufen auch

Gefahr, dass sie ihr Leben nur über den Kopf steuern möchten und ihre Gefühle und die innere Stimme dabei ignorieren und zu kurz kommen lassen.

Monatszahl 4

Diese Menschen sind gut organisiert, genau und oft penibel in Dingen, die für sie wichtig sind. Das kann durchaus heißen, dass um sie herum Chaos herrscht, sei es am Arbeitsplatz oder zu Hause. Sie werden jedoch auch in einem Chaos, in dem sich niemand anderes zurechtfinden würde, ihr erklärtes Vorhaben genau und gut organisiert durchziehen. Menschen mit der Monatszahl 4 sind ruhig und erledigen ihre Aufgaben methodisch. Sie erscheinen manchmal schwerfällig und nicht sehr flexibel. Sicherheit ist für sie äußerst wichtig, und man wird selten Personen unter ihnen finden, die bereit sind, ein Risiko einzugehen, wenn der Ausgang nicht schon so gut wie feststeht.

Monatszahl 5

Im 5. Monat Geborene brauchen Freiheit, Unruhe und Aufregung in ihrem Leben. Sie sind bereit, Risiken einzugehen, auch wenn der Ausgang nicht abzusehen ist. Man kann sie nicht anbinden, und wann immer man es versucht, werden sie ausbrechen, nur um zu beweisen, dass sie ihr eigener Herr sind und ihre eigenen Entscheidungen treffen. Diese Menschen können keine Einschränkung vertragen und reagieren sehr heftig auf jeden derartigen Versuch. Sie können äußerst unangenehm werden, wenn sie die negative Seite der 5 ausleben. Dann sind sie fordernd gegenüber ihren Mitmenschen und schnell gereizt, wenn man ihren Ansprüchen nicht nachkommt.

Die große weite Freiheit, wie immer sie sich für Menschen mit dem Geburtsmonat 5 darstellt, ist für sie ein inneres Bedürfnis. Wenn sie zu sehr eingespannt sind, versuchen sie hin und wieder trotzdem, dieses Verlangen zu befriedigen.

Monatszahl 6

Personen mit der Monatszahl 6 sind sehr harmoniebedürftig. Sie lieben das Schöne, sehnen sich nach Partnerschaft und sind im Umgang meist sehr angenehme Menschen. Sie leiden unter mangelndem Selbstvertrauen, auch wenn es ihnen gut geht. Das vertuschen sie dann mit übertriebenem angeblichem Selbstbewusstsein in der Annahme, sich selbst schützen zu müssen. Sie sind so überzeugend, dass man ihnen ihre angebliche Unabhängigkeit auch tatsächlich abnimmt. Wenn sie sich in einer Partnerschaft befinden, tun sie fast alles, um für sich und den Partner ein harmonisches Umfeld zu schaffen. Wenn es notwendig ist, können sie sich aber auch zur Wehr setzen.

Monatszahl 7

Die 7 ist die emotionale Zahl. Menschen mit einer 7 als Monatszahl können äußerst dramatisch sein, wenn sie ein Ziel erreichen wollen. Sie reden gerne über ihre Ideen, was sie erreicht oder was sie sich vorgenommen haben. Das soll aber nicht heißen, dass sie Rat von anderen erwarten, denn sie haben sich längst entschieden, wie ihre Handlungen aussehen werden. Die 7 ist die Selbsterfahrungszahl, und die betreffenden Personen lassen sich ungern etwas sagen. Sie sind hilfsbereit, und viele von ihnen sind in sozialen Berufen tätig. Sie haben einen ausgeprägten Gerechtigkeitssinn und setzen sich nicht nur für ihre eigenen Rechte ein, sondern verfechten auch die Rechte anderer. Da sie Selbsterfahrung groß schreiben und Rat nur ungern annehmen, können sie sich oft in einen Weg verrennen, aus dem sie nicht mehr herausfinden.

Monatszahl 8

Im 8. Monat Geborene sind stark und widerstandsfähig. Sie haben Organisationstalent und kreatives Talent. Da sie logische Denker sind, kann man sie nur über die Logik überzeugen, wenn nicht noch eine 3 im Geburtsdatum enthalten ist. Diese Menschen glauben eigentlich nur das, was sie sich vom Verstand her erklären können. Es ist wichtig für sie, sich ein Gleichgewicht zu schaffen, da die 8 dazu tendiert, eher das Negative als das Positive einer Situation herauszustellen. Auch ist es wichtig, die Entscheidungen immer im Einklang mit den materiellen und seelischen Bedürfnissen zu fällen.

Wer im 9. Monat Geburtstag hat, den kennt man in der Nachbarschaft, in der Schule und dort, wo Hilfe gebraucht wird, als einen Menschen, der bereit ist, seine Zeit zu opfern. Wie viel Zeit geben Sie sich selbst?

Monatszahl 9

Diese Zahl verlangt von den betreffenden Menschen ein extra Maß an Verantwortungsübernahme. Sie sind auch meist gerne dazu bereit, müssen jedoch vorsichtig sein, dass sie sich nicht zu sehr verausgaben oder ausnutzen lassen. Diese Menschen scheinen ein Signal auszusenden, dass sie eine Anlaufstelle zur Hilfeleistung sind. Auch besitzen sie erhöhte analytische Fähigkeiten und sind damit in der Lage, Probleme schnell zu durchleuchten und auf den Punkt zu bringen.

Monatszahl 10

Menschen mit der Monatszahl 10 haben einen durchweg starken Charakter. Sie können Lebensstürme oft mit stoischer Gelassenheit und Ruhe über sich ergehen lassen. Die 0 verstärkt die 1 dieser Monatszahl, was ihnen Unabhängigkeit und innovatives Denken beschert. Sie fühlen sich jedoch häufig isoliert und verinnerlichen ihre Probleme, statt sie mit dem Partner zu besprechen. Da sie nach außen Stärke und Selbstständigkeit demonstrieren, ist es schwer zu erkennen, ob sie irgendwelche Probleme haben. Es wäre wichtig für sie, ihren Stolz zu überwinden und sich mit ihren Problemen an ihnen nahe stehende Personen zu wenden. Zwei sehen manchmal mehr als einer.

Monatszahl 11

Die Monatszahl 11 macht sehr empfindlich, und die betreffenden Menschen sind hoch sensibel. Da sie der Meinung zu sein scheinen, sich unbedingt vor echten oder eingebildeten Angriffen schützen zu müssen, sind sie oft aggressiv, auch wenn dies objektiv nicht notwendig ist. Mit diesem Verhalten können sie viele Missverständnisse schaffen. Sie brauchen eine stabile Partnerschaft und suchen sich meistens jemanden, der ihnen den inneren Halt geben kann, der ihnen selbst fehlt, auch wenn sie dies nie zugeben würden. Personen mit der Monatszahl 11 sind in der Lage, sich in Menschen hineinzufühlen, und viele von ihnen zeichnen sich durch eine besondere Kreativität aus. Sie besitzen auch eine große Menschenfreundlichkeit und Hilfsbereitschaft.

Im 11. Monat Geborene sollten eine kommunikative Berufsform wie den Journalismus oder die Schriftstellerei ins Auge fassen. Für ihre Sensibilität und Kreativität ist dies ein hervorragender Ausgleich.

Monatszahl 12

Diese Menschen sind intuitiv und freundlich. Die 1 gibt ihnen Durchsetzungsvermögen, ein gesundes Ichbewusstsein, Unabhängigkeit, Kommunikationsfreudigkeit und Entscheidungskraft und verleiht ihnen die Kraft, ihre eigenen Interessen zu vertreten. Durch die 2 besitzen sie Einfühlungsvermögen, Freundlichkeit und Fingerspitzengefühl gegenüber ihren Mitmenschen. Auch sind im Dezember Geborene gerne bereit zu helfen, wo sie können, allerdings tendieren viele von ihnen dazu, sich ausnutzen zu lassen. Man sollte sich das gesamte Geburtsdatum anschauen, um zu sehen, ob die 1 oder die partnerschaftliche 2 vorrangigen Einfluss auf die Persönlichkeit hat.

Der Name

Für unsere Zwecke errechnen wir aus dem Namen die Seelen- und Motivationszahl sowie die Ausdrucks- und Talentzahl – die Seelen- und Motivationszahl aus den Vokalen des Namens, die Ausdrucks- und Talentzahl aus allen Buchstaben des Namens.

Es ist natürlich so, dass alle Zahlenqualitäten, die ein Name besitzt, einen gewissen Einfluss auf den Charakter des Menschen haben. Allerdings eher in einer unterstützenden Funktion, denn der Name ist variabel und kann beliebig geändert werden. Die Analyse der einzelnen Zahlenqualitäten des Namens wird in diesem Buch ganz bewusst nicht abgehandelt, da meiner Meinung nach der Schwerpunkt der Charaktereigenschaften eines Menschen im Geburtsdatum liegt und, wie bereits erwähnt, die Seelen- und Motivationszahl sowie Ausdrucks- und Talentzahl nach meiner Erfahrung den größten Einfluss auf die gesamte Persönlichkeitsstruktur ausüben.

Wie aber findet man den charakterlichen Unterschied zwischen Zwillingen, Drillingen oder Mehrgeburten? Sie sind alle am selben Tag geboren, haben daher dieselben Geburtszahlen, und im Gegensatz zur Astrologie ist die Numerologie auf keine Geburtsstunde angewiesen. Diese Unterschiede sind im Namen zu finden, denn das Geburtsdatum steht unveränderlich fest. Jeder Mensch besitzt darüber hinaus seinen Namen, der ihn von den Geschwistern und anderen Mitmenschen unterscheidet.

Der Name bestimmt, wie Sie die Zahlen Ihres Geburtsdatums nutzen. Er ist der ausschlaggebende Faktor bei Zwillingen oder Mehrlingsgeburten, der es erlaubt, die Unterschiede zwischen ihnen zu erkennen. Er bestimmt die Motivation und den Zugang zu den Chancen des Lebens.

Was bei einer Namensänderung geschieht

Dies bedeutet aber auch: Wenn wir unseren Namen ändern, verändern wir auch die Energiequalitäten, die uns beeinflussen, da jedem Buchstaben eine bestimmte Zahl zugeordnet ist mit der ihr eigenen Qualität. Es werden sich deshalb auch die Quersummen der Vokale und des gesamten Namens ändern. In der Vergangenheit war immer die Frau diejenige, die bei der Hochzeit ihren Familiennamen geändert hat und damit auch die Energie und deren Qualität. So hat der oft zitierte Satz: »Das ist nicht die Frau, die ich geheiratet habe« weniger damit zu tun, dass die Frau nun endlich einen sicheren Hafen gefunden und sich deswegen total verändert hat, sondern es hat sich die Qualität ihrer Namenszahlen geändert.

Beispiel: Man hat als Motivations- und Seelenzahl eine 3 und auch als Ausdrucks- und Talentzahl eine 3. Diese Person wird aufgeschlossen und gesellig sein. Da Motivation und Talente jeweils eine 3 sind, ergibt sich eine gute Balance. Nach der Namensänderung wird aus dieser doppelten 3 für die Motivations- und Seelenzahl eine 5 und für die Ausdrucks- und Talentzahl eine 1. Mit einem Mal fällt die große Lust zur Geselligkeit weg. Die Motivation ist gestiegen, aber die Möglichkeiten sind gesunken. Wenn das Geburtsdatum keine 3 aufweist, wird sich die Einstellung dieser Person zu ihrem Umfeld und zu ihren Charakterzügen ändern, d. h., sie wird sie anders nutzen. Durch die 5 wird plötzlich mehr Unruhe da sein, und man weiß eigentlich nicht so genau, warum. Durch die 1 ist man auch plötzlich nur noch auf eine Sache fokussiert statt der zwei oder drei Dinge, die man früher immer vorhatte.

Ein Namenswechsel bei der Heirat sollte gut überlegt sein. Die Analyse des Namens gibt Aufschluss, ob durch den Namenswechsel eine Veränderung zu Ihren Gunsten zu erwarten ist oder nicht.

Beide Partner werden diesem Wechsel wahrscheinlich etwas ratlos gegenüberstehen. Es ist ja nicht so, dass sich die Person grundlegend geändert hätte, der Grundcharakter und die Grundveranlagungen sind gleich geblieben, aber wie diese Grundzüge jetzt genutzt werden, das hat sich verändert. Leider wissen die wenigsten Menschen, warum sie sich nach einer Eheschließung plötzlich fremd geworden sind oder warum plötzlich ganz andere Prioritäten gesetzt werden. Dies muss nicht immer der Fall sein, passiert jedoch sehr häufig. Da heute der Mann den Familiennamen seiner zukünftigen Frau annehmen, die Frau den ihren aber auch behalten kann oder Doppelnamen möglich sind, wäre es sicherlich sinnvoll, sich den Wechsel der Energiequalitäten anzusehen.

Immer, wenn man eine Namensänderung vornehmen will, sollte man nachprüfen, ob dieser Wechsel die mitgegebenen Talente und Fähigkeiten im Geburtsdatum positiv unterstützt, da diese beiden Zahlen schon vorhandene Zahlen auf dem Numerologischen Quadrat verstärken. Auch dies ist wissenswert: Wenn der neue Nachname die gleiche Quersumme wie der ursprüngliche ergibt, so wird sich doch etwas verändern, jedoch nicht so auffällig wie bei einer Änderung der Seelen- und Motivationszahl und der Ausdrucks- und Talentzahl. Denn mit dem neuen Namen kommen auch die ihm eigenen Energien zum Tragen. Jede Namensänderung sollte also mit größter Sorgfalt überlegt werden.

Das Gleiche gilt natürlich erst recht, wenn Sie für Ihre Kinder Vornamen aussuchen. Ich wurde einmal gefragt, welche Namen gut oder schlecht seien. Aber so einfach ist das nicht. Zuerst muss man sich das Geburtsdatum des Kindes ansehen und dann versuchen, einen Namen zu finden, der zum einen den Eltern gefällt und zum anderen das Geburtsdatum positiv unterstützt oder ausgleicht, sollte dieses zu einseitig ausgefallen sein.

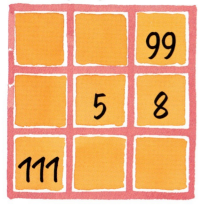

Wenn ein Kind etwa am 19.1.1985 mit der Lebensnummer 7 geboren wurde, weist dieses Geburtsdatum starke Züge der Ichbezogenheit auf. Um dieses Geburtsdatum etwas auszugleichen, kann man diesem Kind mit der Namensgebung Hilfestellung geben. So kann man ihm beispielsweise beim Vornamen im ersten Buchstaben die Qualität einer 2 (Intuition und Fingerspitzengefühl) oder die Qualität einer 6 (Harmonie) verleihen.

Die Seelen- und Motivationszahl sowie die Ausdrucks- und Talentzahl sind aber auch der Zugang zu den Möglichkeiten, die einem das Leben bereithält und die durch die Lebensnummer ausgedrückt werden. Wenn wir eine niedrige Seelen- und Motivationszahl oder eine niedrige Ausdrucks- und Talentzahl durch unseren Namen haben, jedoch als Quersumme des Geburtsdatums eine hohe Lebensnummer, bedeutet dies, dass wir nicht alle Möglichkeiten, die uns das Leben bietet, ausschöpfen können.

Wenn z. B. die Lebensnummer eine 9 ist, die Seelen- und Motivationszahl eine 8 und die Ausdrucks- und Talentzahl eine 1, bedeutet das, dass die Motivation sehr hoch ist, aber durch die niedrige Talentzahl gestoppt wird. Umgekehrt kann es sein, dass die Motivationszahl eine 1 ist und die Talentzahl eine 7. Dann wären unsere Möglichkeiten sehr gestiegen, aber sie können nur durch großen Willenseinsatz erreicht werden, denn die 1 als Motivationszahl gibt sich oft mit den unmittelbar anstehenden Dingen zufrieden.

Umgekehrt kann es natürlich vorkommen, dass diese Zahlen sehr hoch sind, z. B. eine 8 oder 9, die Lebensnummer aber nur eine 1 oder 2. Dies kann äußerst frustrierend sein, denn man ist hoch motiviert, hat viele Talente, scheint aber in den aktuellen Möglichkeiten, diese Talente anzuwenden, sehr limitiert zu sein.

Kindern sollte man erst nach der Geburt einen Namen geben. So kann man mit dem Namen einen Ausgleich schaffen, wenn die Zahlen und damit die Qualitäten der Geburtszahlen zu einseitig ausgefallen sind.

Die Zahlen des Namens

Es ist ganz einfach. Wir nehmen die Zahlen 1 bis 9 und ordnen sie dem entsprechenden Buchstaben zu.

1	2	3	4	5	6	7	8	9
a	b	c	d	e	f	g	h	i
j	k	l	m	n	o	p	q	r
s	t	u	v	w	x	y	z	

Jedem Buchstaben im Alphabet ist eine Zahl und damit eine Qualität zugeordnet. Sie errechnen für die Seelen- und Motivationszahl die Quersumme der Vokale. Sie errechnen für die Ausdrucks- und Talentzahl die Quersumme aller Buchstaben.

Die Umlaute ü, ä, ö werden zu ue, ae, oe. Bei der Analyse wird der Mittelname gerechnet, wenn es nur einen Mittelnamen gibt. Wenn allerdings mehr als zwei Mittelnamen vorhanden sind, werden nur der Vorname und Nachname in Betracht gezogen.

Die Seelen- und Motivationszahl

Sie errechnet sich aus den Vokalen des Namens. Nehmen wir unser Anfangsbeispiel, dann ergibt sich die Seelen- und Motivationszahl aus den Vokalen des Namens von Brigitte Schumann.

```
  9  9  5     3 1
B r i g i t t e  S c h u m a n n
```
Die Vokale aus dem Vornamen: 9 + 9 + 5 = 23 = 2 + 3 = 5
Die Vokale aus dem Nachnamen: 3 + 1 = 4
Das Ergebnis ist die Seelen- und Motivationszahl: 5 + 4 = 9

Die Ausdrucks- und Talentzahl

Die Ausdrucks- und Talentzahl errechnet sich aus den Buchstaben des gesamten Namens.

```
  9  9  5     3 1
B r i g i t t e  S c h u m a n n
2 9  7 22   1 3 8  4    5 5
```

Der Vorname: 2 + 9 + 9 + 7 + 9 + 2 + 2 + 5 = 45 = 4 + 5 = 9
Der Nachname: 1 + 3 + 8 + 3 + 4 + 1 + 5 + 5 = 30 = 3 + 0 = 3
Die Ausdrucks- und Talentzahl: 12 = 1 + 2 = 3
Bis auf die 11 wird immer auf eine einstellige Zahl reduziert.

Deutungen der Seelen- und Motivations-zahl und der Ausdrucks- und Talentzahl

1 als Seelen- und Motivationszahl

Die 1 als Seelenzahl verleiht Zielstrebigkeit und Unabhängigkeit. Man macht seine Sache gerne alleine, ohne Einmischung von anderen. Als Motivationszahl ist sie sehr niedrig, und man muss sich immer wieder aufs Neue motivieren, um bei seinen Vorhaben zu bleiben. Schwierig wird diese Zahl, wenn die Ausdrucks- und Talentzahl sehr viel höher ist, denn dann kann es leicht sein, dass man sich frustriert fühlt, wenn man seine Talente nicht ausleben kann.

1 als Ausdrucks- und Talentzahl

Die betreffende Person sagt klar und deutlich, was sie meint, und lässt wenig Raum für Missverständnisse. Mit einer 1 als Talentzahl wird man sich immer nur auf eine Sache konzentrieren und versuchen, sie zielstrebig durchzusetzen. Wenn man eine 1 in beiden Fällen hat, neigt man zur Einsiedelei und muss aufpassen, dass man sich nicht zu sehr hinter seinen Büchern oder Ähnlichem vergräbt.

2 als Seelen- und Motivationszahl

Mit einer 2 als Seelenzahl ist für jemanden eine Partnerschaft wichtig, ebenso das Wohlergehen anderer, seien es Freunde oder die Familie. Die 2 wirkt auch als Ausgleich, wenn andere Zahlen im Geburtsdatum sehr ichbezogen ausgefallen sind. Die Motivation ist größer als bei der 1, aber man muss sich trotzdem immer wieder neu motivieren, da die 2 dazu geneigt macht, friedlich zu sein und das Leben so zu nehmen, wie es eben kommt.

2 als Ausdrucks- und Talentzahl

Sie gibt der Person ein größeres Einfühlungsvermögen und auch den Willen zu mehr Diplomatie. Durch die 2 als Talentzahl ist man eher in der Lage, auch mal zweigleisig zu fahren.

3 als Seelen- und Motivationszahl

Die 3 deutet an, dass man gerne Menschen um sich hat, das Leben grundsätzlich optimistisch sieht und sich an den verschiedensten Aktivitäten beteiligt. Die Motivation ist immer noch auf einem rela-

Die Seelen- und Motivationszahl repräsentiert den inneren Drang zu dem, was man gerne hätte, sein oder erreichen möchte. Viele Menschen sind sich nur vage dieses Drangs bewusst, ohne ihn genau identifizieren zu können.

tiv niedrigen Niveau auf der Skala 1 bis 9, und es ist notwendig, immer wieder bewusst Willenskraft für die Realisierung von Plänen einzusetzen.

3 als Ausdrucks- und Talentzahl

Die 3 kann unter Umständen sehr scharfzüngig machen. Die betreffenden Menschen sind geistig mobil und können die anderen Zahlen im Geburtsdatum optimal nutzen, da sie sehr flexibel sind. Sie sind charmant, können aber auch zur Oberflächlichkeit neigen. Die Talentzahl hat sich erhöht und macht geneigt, mehrere Dinge gleichzeitig zu tun.

4 als Seelen- und Motivationszahl

Menschen mit einer 4 sind praktisch veranlagt und können sich gut organisieren. Sie tendieren aber auch dazu, unflexibel zu sein und sich im Detail zu verlieren, da sie gerne immer alles sehr genau machen möchten. Sie sind gut motiviert und erreichen ihre Ziele durch solides, strebsames Arbeiten.

Die Talent- und Ausdruckszahl beschreibt nicht nur, wie viele von seinen Talenten man gleichzeitig einsetzen kann, sondern auch die Einstellung zu diesen Fähigkeiten.

4 als Ausdrucks- und Talentzahl

Menschen mit dieser Konstellation sind eher ernsthaft und nehmen alles sehr genau. Sie sind hilfsbereit und verlässlich, haben Geduld und Ausdauer. Sie fühlen sich aber hin und wieder frustriert, denn sie wissen, dass sie mehr mit ihrem Leben anfangen könnten, kommen manchmal jedoch über das Detail nicht hinaus.

5 als Seelen- und Motivationszahl

Mit einer 5 brauchen die Menschen Abwechslung, sie lieben die freie Wahl und das Gefühl, nicht angebunden zu sein. Sie suchen ein bisschen Aufregung in ihrem Leben und treffen gerne unerwartete Entscheidungen. Routine mögen sie überhaupt nicht und springen von Projekt zu Projekt, immer auf der Suche nach etwas Neuem. Die Motivation ist hoch, und es kann unendlich frustrierend sein, wenn die Ausdrucks- und Talentzahl geringer ausfällt.

5 als Ausdrucks- und Talentzahl

Die 5 macht enthusiastisch und anpassungsfähig. Die betreffenden Personen sind talentiert und vielseitig begabt und möchten diese Begabungen auch nutzen, denn die 5 fordert immer während Abwechslung. Solche Menschen tun sich allerdings schwer, ein Projekt bis zum Ende durchzuziehen, da sie zu ungeduldig sind. Alles, was mit Routine zu tun hat, ist für viele von ihnen ein Gräuel.

6 als Seelen- und Motivationszahl

Personen mit einer 6 sind Idealisten. Am liebsten hätten sie alles friedlich und angenehm. Sie sind familienbezogen, verständnisvoll, gefühlvoll. Sie sind hoch motiviert, hinterfragen aber immer wieder die Berechtigung, ihre Ziele zu erreichen. So kann die hohe Motivation oft in Selbstzweifeln untergehen.

6 als Ausdrucks- und Talentzahl

Menschen mit einer 6 sind freundlich, hilfsbereit und bevorzugen friedliche Lösungen. Sie sind jedoch manchmal zu nachgiebig und scheinen ihre eigene Persönlichkeit zu verlieren. Sie sind talentiert und kreativ. Auch hier kann immer wieder sinkendes Selbstvertrauen daran hindern, die vielfältigen Talente zu verwirklichen.

7 als Seelen- und Motivationszahl

Die 7 erweckt den Eindruck einer sehr starken Persönlichkeit, die weiß, was sie will; dahinter verstecken sich viele Emotionen. Auch Selbsterfahrung wird groß geschrieben, und das Interesse geht oftmals in esoterische und soziale Bereiche. Die Motivation ist sehr hoch, und es mangelt nicht an Selbstbewusstsein. Man sollte aber flexibel sein, damit man sich eventuelle Chancen durch zu großes Beharren auf dem eigenen Standpunkt nicht zunichte macht.

7 als Ausdrucks- und Talentzahl

Menschen mit einer 7 sagen, was sie denken. Sie wehren zuerst einmal alles ab, was nicht ihrem eigenen Standpunkt entspricht, denken aber später darüber nach. Sie wirken kompetent, und die versteckten Emotionen werden erst nach einigem Schürfen sichtbar. Das Interesse geht in den sozialen Bereich. Personen mit einer 7 werden immer mehrere Eisen im Feuer haben.

8 als Seelen- und Motivationszahl

Die 8 gibt extra Kraft, sie verstärkt logisches Denken und erhöht den Geschäftssinn. Man sollte vorsichtig mit dieser Kraft umgehen und zusehen, dass immer ein Gleichgewicht geschaffen wird

Die Qualitäten unserer Veranlagungen können durch einen Namenswechsel drastisch verändert werden. Es kann sein, dass jemand von einer hoch motivierten Person zu einem Menschen wird, der sich nur mühsam motivieren kann. Rechnen Sie die Quersumme der Vokale Ihres Namens aus, und sehen Sie sich Ihre Seelen- und Motivationszahl vor und nach dem Namenswechsel an.

zwischen dem materiellen und dem seelischen Leben. Die 8 verleitet immer wieder zu negativem Denken; auch hier ist eine Balance gefordert. Personen mit einer 8 sind hoch motiviert, und wenn die Ausdrucks- und Talentzahl ebenfalls sehr hoch ist, kann vieles erreicht werden. Wenn nicht, kann es zu erheblichem Frust kommen, weil man etwas erreichen will und es trotz aller Anstrengungen irgendwie nicht schafft.

8 als Ausdrucks- und Talentzahl

Organisation und Logik werden in diesem Fall groß geschrieben. Finanzielle Überlegungen stehen im Vordergrund, wenn man entscheidet, wie man die vielfältigen Talente einsetzen möchte. Doch Vorsicht, finanzielle Erwägungen allein können dazu führen, dass man das Erworbene wieder verliert. Es müssen auch Freude und innere Überzeugung eine Rolle spielen. Wenn noch eine andere 8 auf dem Numerologischen Quadrat ist, kann man mit seinen logischen Erklärungen jeden Gesprächspartner zum Schweigen bringen. Ob man die vielen Talente umsetzen kann, entscheidet die Lebensnummer und auch, welche Motivationszahl einem im Namen mitgegeben wurde.

Sollten Sie geheiratet haben, ermitteln Sie Ihre Talent- und Ausdruckszahl, indem Sie die Quersumme des gesamten Namens ausrechnen. So können Sie sich möglicher Veränderungen in Ihrem Verhalten bewusst werden.

9 als Seelen- und Motivationszahl

Menschen mit einer 9 sind verantwortungsbewusst, freundlich und hilfsbereit. Sie geben gerne von ihrer Zeit, doch wenn sie sich überfordert fühlen, ärgern sie sich innerlich, dass sie nicht öfter Nein sagen können. Die 9 kommt mit allen Zahlenenergien zurecht. Die betreffenden Personen sind in der Lage, schnell eine Situation zu analysieren, und sind hoch motiviert. Das kann jedoch problematisch sein, wenn die Talentzahl nicht auch eine 9 ist, denn dann muss sie notgedrungen niedriger als die eigene Motivation sein. Wenn der Unterschied sehr extrem ist, kann sich dies so frustrierend auswirken, dass manche einfach aufgeben. Es muss ein Mittelmaß gefunden werden zwischen dem, was man möchte, und dem, was machbar ist.

9 als Ausdrucks- und Talentzahl

Die 9 bedeutet, dass der betreffende Mensch einen klaren Kopf und kühlen Verstand besitzt. Manchmal läuft aber zu viel über den Verstand ab und zu wenig über das Gefühl. Viele haben gerne mit

Zahlen zu tun, da die analytischen Fähigkeiten einen extra Schub an Energie abbekommen haben. Die Möglichkeiten der 9 sind vielfältig, und die Betroffenen sollten sich ihre Motivationszahl sowie die Lebensnummer ansehen, die ihnen veranschaulichen, wie viele Möglichkeiten sie haben, um ihre Talente umzusetzen. Wenn die Seelen- und Motivationszahl des Namens sehr viel niedriger ausfällt, kann dies zeitweise zu erheblicher Enttäuschung führen, denn man schafft es irgendwie nicht, seine Talente zu verwirklichen. Man muss sich dann arrangieren und realistisch bleiben und nicht gegen Windmühlenflügel ankämpfen wollen.

11 als Seelen- und Motivationszahl

Die 11 macht Menschen sensibel und leicht verletzlich. Sie haben sehr viel Einfühlungsvermögen. Es ist wichtig, dass sie sich ihrer Umwelt nicht entziehen, sondern lernen, mit ihrer großen Sensibilität umzugehen. Eine schwankende Motivationslage gilt nur für Menschen mit einer 11, da sich diese Zahl auch zu einer 2 rechnet. Das bedeutet, dass man zeitweise hoch motiviert ist und dann ganz plötzlich dieser Auftrieb verschwindet, ohne dass man weiß, warum. Die 11 schwankt immer zwischen 11 und 2, also zwischen Hoch und Tief. Es kann manchmal schwierig sein, das zu verstehen. Wenn man aber darüber Bescheid weiß, kann man auch bewusster damit umgehen. Man lernt, mit der eigenen Schuldzuweisung aufzuhören und sich mit dem speziellen Problem der 11 auseinander zu setzen, um sie mit sich in Einklang zu bringen.

11 als Ausdrucks- und Talentzahl

Die Einstellung dieser Personen ist oft idealistisch und zeitweise etwas weltfremd. Das Interesse geht in Richtung Kunst, Musik und schöne Dinge. Bedingt durch die hohe Sensibilität und Verunsicherung, welche die 11 immer wieder mit sich bringt, zieht man sich eher in sein Schneckenhaus zurück, statt sich mit der Wirklichkeit auseinander zu setzen. Auch hier ist es wichtig, sich mit seiner Sensibilität anzufreunden und eine harmonische Lösung zu finden. Man hat das Gefühl, auf viele Talente zurückgreifen zu können, doch ganz plötzlich reduzieren sich diese Möglichkeiten. Die 11 rechnet sich auch zur 2 und bringt deshalb alle entsprechenden Eigenschaften zum Tragen, was äußerst verwirrend für die betreffenden Personen sein kann.

Nur der Name ist variabel: Man kann sein Geburtsdatum nicht ändern, aber den Namen und damit die Energiequalitäten, die mit diesem Namen verbunden sind. Barbra Streisand ist ein gutes Beispiel; ihr wurde angeblich von einer Numerologin geraten, das »a« aus ihrem Vornamen zu streichen, wenn sie Erfolg haben wollte.

Der Lebensweg

Man hört immer wieder: »Und plötzlich habe ich mein ganzes Leben geändert.« Aber warum? Was bewegt Menschen dazu, plötzlich anders zu handeln, zu denken, unruhiger oder ruhiger zu werden, Geschäfte aufzubauen oder zu beenden? Viele wehren sich mit aller Gewalt gegen diese plötzliche Wende in ihrem Leben, aus Angst oder Bequemlichkeit, weil sie ihr Leben eingerichtet haben und nicht daran rütteln möchten. Doch das Leben ist in einem immer während Fluss, und nichts bleibt, wie es ist, auch wenn wir uns das wünschen. Eine Veränderung erlaubt uns jedoch auch zu wachsen, zu lernen und Neues zu erfahren.

Es kommt im Leben jedes Menschen einmal eine Zeit, in der sich Dinge verändern, sei es z. B. durch einen Berufswechsel oder persönliche Faktoren. Diese Veränderungen sind Geschenke, durch die wir wachsen können.

Die Dachzahlen

Die Dachzahlen und ihre Zahlenqualitäten repräsentieren den Lebensweg, den wir uns ausgesucht haben, und die Lektionen, die wir in unserem Leben lernen sollen. Sie geben uns die Chance, uns menschlich weiterzuentwickeln und zu reifen. Dieser Wechsel wird sich viermal vollziehen und unter einer bestimmten Zahlenqualität immer neun Jahre andauern. Der Einfluss der letzten Dachzahl bleibt dann für den Rest unseres Lebens bestehen.

Auf den folgenden Seiten zeige ich Ihnen, wie Sie diese Zahlen aus Ihrem Geburtsdatum errechnen und in die Pyramide des Lebens eintragen können. Ich nenne diese Zahlen Dachzahlen, denn ihr Einfluss ist wie ein uns überspannendes Dach, unter dem wir unser Leben einrichten müssen. Wir können uns den Einflüssen dieser Dachzahlen nicht entziehen, sondern sollten uns mit ihnen anfreunden, auseinander setzen, einsehen, dass wir etwas lernen sollen, und durch das Akzeptieren dieses unvermeidlichen Wechsels uns selbst eine innere Harmonie schaffen. Viele Menschen wehren sich gegen einen Wechsel, der kommen wird, weil er kommen muss. Doch der Wechsel wird positiv sein.

Es ist wichtig zu berücksichtigen, dass, je größer der Wechsel ist, es umso schwieriger ist, ihn zu vollziehen. Wenn man z. B. unter den Einfluss einer Dachzahl 3 kommt, die für Geselligkeit und geistige Mobilität steht, kann der Wechsel einfacher sein als unter einer

Man sagt, der Mensch wird erst ab einem gewissen Alter reif genug, auch innerlich zu wachsen. Deshalb beginnt der erste Wechsel in und unter dem Einfluss einer Dachzahl frühestens ab dem 25. Lebensjahr. Er errechnet sich aus 36 minus der Lebensnummer und geschieht im Laufe eines Lebens in neunjährigen Intervallen viermal.

Dachzahl 1, die eine umwälzende Veränderung verlangt. Manche Veränderungen sind leise, nur ein kleiner Schubs, sei es durch eine innere Einstellung, durch Familienzuwachs, Heirat oder einen gewollten Berufswechsel. Sehr oft ist dieser Wechsel die logische Fortführung unseres vorangegangenen Tuns, indem wir vielleicht befördert werden, einen Schulabschluss geschafft haben oder ein Universitätsstudium beginnen bzw. beenden. Oder man hat plötzlich »diese brillante Idee«, die man auch wirklich in die Tat umsetzt, oft zum Entsetzen von Freunden und Familie, die nicht verstehen können, was in einen gefahren ist. Man weiß innerlich, dass es richtig ist, und auf dieses »Sich-richtig-Anfühlen«, dieses Gespür, dass das Leben plötzlich stimmt, dass man seinen Platz gefunden hat, darauf sollte man sich verlassen und den Mut haben, das, was nicht in Ordnung war, zu verändern. Entweder durch die eigene Einstellung sich selbst und seiner Umwelt gegenüber oder durch einen Berufswechsel oder einen anderen Wechsel, der das eigene Leben besser und reicher macht und damit auch das der Menschen, mit denen man täglich zu tun hat. Diese Chance haben wir immer, doch von Zeit zu Zeit werden wir mit Nachdruck darauf gestoßen, etwas zu tun, zu verändern, zu wachsen, unseren Lebensweg zu finden.

Das Lebensjahr, in welchem eine Dachzahl zum ersten Mal Einfluss ausüben wird, errechnet sich aus 36 minus der Lebensnummer. Die Zahl 36 wird in der Numerologie als Meisterzahl gewertet, weil sie sich in der Quersumme zu einer 9 rechnet und somit alle Zahlen in sich vereint. Außerdem erleben wir in neun Jahresintervallen viermal den Einfluss der Dachzahlen; viermal 9 rechnet sich zur Meisterzahl 36.

Wenn z. B. jemand am 18.5.1957 Geburtstag hat, so ist seine Lebensnummer die Quersumme davon:

$1 + 8 + 5 + 1 + 9 + 5 + 7 = 36 = 3 + 6 = 9$.

Rechnet man $36 - 9 = 27$, ist dies das erste Lebensjahr, das unter den Einfluss einer Dachzahl kommt.

In welchem Lebensjahr die ersten Dachzahlen beginnen

1	2	3	4	5	6	7	8	9	11	Lebensnummer
35	34	33	32	31	30	29	28	27	25	Lebensjahr, in dem 1. Dachzahlen beginnen

Eine Veränderung in eine zukünftige neue Zahlenqualität, die eine Dachzahl repräsentiert, kündigt sich immer schon vorher an, manchmal Monate, manchmal ein bis zwei Jahre davor. Man wird unruhig, spürt, dass irgendetwas nicht stimmt. So wird man langsam auf eine neue Bahn geschoben. Man sollte ganz genau darauf hören, denn im Grunde des Herzens weiß man, was man verändern soll. Es ist einfacher, einen Lebenswandel freiwillig zu vollziehen, man behält damit eine gewisse Kontrolle. Es wird sehr viel schwieriger und schmerzvoller, wenn man sich dagegen stemmt, obwohl man weiß, dass man eigentlich etwas ändern sollte. Veränderungen kommen nie aus heiterem Himmel, es scheint nur so.

Die Lebenspyramide zeigt, ab wann und unter welchem Zahleneinfluss sich die Veränderungen im menschlichen Leben vollziehen werden. Sie dient als Richtschnur für den Lebensweg, den wir uns ausgesucht haben.

Wie errechnet sich eine Dachzahl, und wie erstellt man die Lebenspyramide?

Man nimmt die Quersumme aus Geburtstag, -monat und -jahr und trägt sie wie folgt in die Lebenspyramide ein. Der Geburtstag kommt in die Mitte, der Monat links davon und das Jahr rechts. Beispiel: 21.4.1963 = Lebensnummer 8

4   3   1
Geburtsmonat + Geburtstag + Geburtsjahr

Am Beispiel der Brigitte Schumann, die am 21.4.1963 geboren ist, können wir sehen, dass der erste Wechsel für sie mit 28 Jahren begonnen hat, und zwar, weil die Quersumme ihres Geburtsdatums die Lebensnummer 8 ist und diese von der Meisterzahl 36 abgezogen wird (36 – 8 = 28).

Aus diesen Zahlen lässt sich die erste Dachzahl wie folgt errechnen:

Für die erste Zahl addiert man Geburtstag und -monat. Das Lebensalter, in dem diese Zahl ihre Wirkung zu entfalten beginnt, errechnet sich aus 36 minus Lebensnummer. Man addiert Geburtstag und -jahr für die zweite Zahl, die neun Jahre später ihre Wirkung entfalten wird.

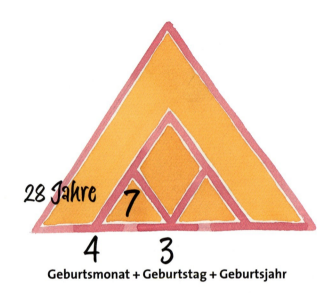

Geburtsmonat + Geburtstag + Geburtsjahr

Die zweite Dachzahl beginnt neun Jahre später, hier mit 37, und errechnet sich aus dem Geburtstag und dem Geburtsjahr: 3 + 1 = 4 (die Quersumme von 1963 ist 1).

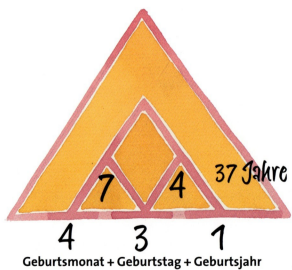

Geburtsmonat + Geburtstag + Geburtsjahr

Die dritte Dachzahl beginnt mit 46 Jahren und ist die Summe aus der ersten und zweiten Dachzahl, hier 7 + 4 = 11.

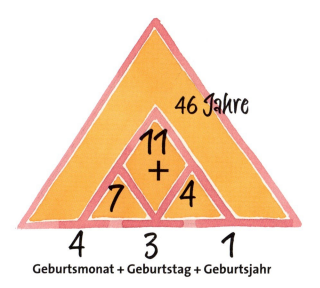

Geburtsmonat + Geburtstag + Geburtsjahr

Die vierte Dachzahl beginnt mit 55 Jahren und ist die Summe aus Geburtsmonat und -jahr, hier die 5.

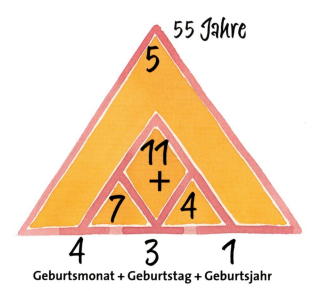

Geburtsmonat + Geburtstag + Geburtsjahr

Brigitte Schumann wird ab dem 55. Lebensjahr unter dem Einfluss der 5 bleiben.

Deutungen der Dachzahlen

Dachzahl 1

Meist beginnt die Dachzahl 1 sehr spektakulär, d.h., sie verlangt einen einschneidenden Wechsel. Man weiß in der Regel schon vorher, dass man etwas ändern sollte, und wenn man auf seine innere Stimme hört und diesen Wechsel und Neuanfang bewusst mitmacht, ist dies eine große Chance, seinem Leben eine neue Richtung zu geben. Unter dieser 1 soll man lernen, selbstständig zu werden, sich zu behaupten, seinen Weg zu suchen, bis man ihn gefunden hat. Es ist möglich, dass man mehrere Versionen ins Auge fasst, ehe man das Richtige findet. Es ist eine Zeit, in der man sich mitunter isoliert und einsam fühlt, aber sie sollte genutzt werden, um Kraft zu sammeln und sich über den zukünftigen Lebensweg klar zu werden. Die Dachzahl 1 gibt enorme Kraft, unabhängiger zu werden, und bietet trotz einer anfänglich oft sehr schwierigen Zeit große Möglichkeiten, wenn man bereit ist, etwas Neues zu versuchen. Allerdings ist dies keine gute Zeit für geschäftliche Kooperationen; geht man sie dennoch ein, sollte man darauf achten, sich so weit wie möglich seine Selbstständigkeit und Unabhängigkeit zu bewahren.

> **Wenn Sie während einer Dachzahl 1 eine Geschäftsbeziehung eingehen möchten, dann denken Sie daran, dass Sie jetzt die Möglichkeit haben, Selbstständigkeit und Unabhängigkeit zu erreichen.**

Dachzahl 2

Die 2 ist die Zahl der Intuition und der Partnerschaft. In dieser Zeit sind wir aufgefordert, in einer Beziehung zu leben und sie zu harmonisieren. Die 2 bringt ein erhöhtes Wirbewusstsein, bei dem das Wohl des Partners oder eines gemeinsamen Unternehmens Vorrang hat. Wenn man bis dahin gewohnt war, nur seine eigenen Entscheidungen zu treffen und auszuführen, ist dies eine große Umstellung, die nicht jedem leicht fällt. Doch wenn man lernen kann, mit seiner Umwelt friedlicher und besser zu leben, die Bedürfnisse anderer mit den eigenen in Einklang zu bringen, so ist das für den weiteren Lebensweg ein großer Gewinn. Man kann lernen, in Harmonie mit sich und seiner Umwelt zu kommen.

Dachzahl 3

Sie werden geistig aktiver, formulieren neue Ideen, planen vielleicht einen neuen Studienkurs – egal, wie alt Sie sind. Dies ist eine Zeit, in der geistige wie kreative Energien neuen Schwung bekommen.

Die 3 ist die Zahl der schnellen Auffassungsgabe und der geistigen Beweglichkeit. Wenn man geplant hat, etwas Neues zu lernen, so fällt es plötzlich leichter. Es ist eine Zeit, in der man viel mit Menschen zu tun haben wird, sich gerne mit Freunden umgibt und Geselligkeit schätzt. Aber man ist aufgefordert, sich mit seiner Vergangenheit zu beschäftigen, um eventuelle verborgene Ängste zu erkennen, zu akzeptieren und sie ein für alle Mal abzulegen. Dies wird eine große Befreiung sein, denn wenn man frei ist, hat man auch die nötige Energie, Neues aufzubauen.

Dachzahl 4

Menschen ohne 4 im Geburtsdatum wird der Wechsel zur praktischen 4 bodenständiger machen und ihnen plötzlich einen Sinn für praktische Fähigkeiten vermitteln, von denen sie gar nicht wussten, dass sie sie haben. Es ist eine Zeit des Aufbaus und des Anpackens. Wenn man ein Unternehmen oder Pläne angefangen oder verfolgt hat, ist jetzt die Zeit, in der man die Sache erfolgreich in die Realität umsetzen kann.

Die 4 kann sehr penibel und zeitweise auch sehr unflexibel machen. Man sollte also darauf achten, dass man andere Menschen nicht unnötig vor den Kopf stößt, indem man nur noch die eigene Meinung gelten lässt. Man ist in dieser Zeit vermehrt auf materielle Sicherheit bedacht und hegt den Wunsch, sein Leben auf eine solide Basis zu stellen.

Die 4 verleiht u. a. auch Aggressivität und den Wunsch, Dinge erzwingen zu wollen. Man sollte sich allerdings etwas Zeit geben, um sich an diesen außergewöhnlichen Kräfteschub zu gewöhnen.

Dachzahl 5

Die 5 bringt Unruhe in das Leben der Menschen. Sie werden sich plötzlich auf Reisen begeben wollen, umziehen, oder Sie möchten irgendeinen anderen Wechsel in Ihrem Leben vornehmen. Es ist die Zahl der Leidenschaft, der schnellen Entschlüsse und eines größeren Freiheitsdrangs. Dies kann die Zeit eines totalen Umschwungs sein. Es ist sehr wichtig, sich vor allzu schnellen Entschlüssen zu hüten. Vielleicht hilft es, wenn man erst einmal bis zehn zählt, ehe man sich zu etwas entschließt – zumindest, wenn dieser Entschluss eine gewisse Tragweite besitzt. Menschen ohne 5 im Geburtsdatum haben jetzt ein größeres Durchsetzungsvermögen und versuchen zeitweise mit aller Macht, ihre Ziele zu erreichen. Man sollte sich dann fragen, ob dies auf lange Sicht tatsächlich den eigenen Interessen entgegenkommt oder ob man sich selbst schadet.

Obwohl die Dachzahl 5 sehr viele Freiheiten mit sich bringt, muss auch die Disziplin erlernt werden, neue Möglichkeiten richtig zu nutzen. Das ist nicht einfach unter dieser Dachzahl, da anscheinend so viele Möglichkeiten offen stehen und man sich leicht verlaufen kann.

Dachzahl 6

Hinterfragen Sie Ihre Motivation in allem, was Sie unternehmen. Die 8 repräsentiert eine Kraft, die nicht zu unterschätzen ist. Wenn Sie jemals daran dachten, Ihre Kreativität in die Tat umzusetzen, ist jetzt die Zeit dafür.

Unter diesem Einfluss wird man sich sehr viel um die Familie oder Familienangelegenheiten kümmern müssen. Man ist harmoniebedürftiger geworden. Wenn man verheiratet ist, tritt das gemeinsame Leben, das man bis dahin möglicherweise vernachlässigt hat, mehr in den Vordergrund. Es ist eine gute Zeit für eine neue Beziehung. Man wird sich auch den Anforderungen und Ansprüchen von Familie und Freunden stellen müssen. Es kann auch bedeuten, dass man größere Verantwortung für die Familie – das schließt die Eltern mit ein – tragen muss. Es ist eine Zeit des kreativen Wachstums und der Harmonie.

Dachzahl 7

Dies ist eine sehr emotionale Zeit, da die 7 eine emotionale Energie beinhaltet. Man wird sich mit esoterischen Fragen beschäftigen, auch den Sinn des Lebens hinterfragen. Die 7 beginnt oft sehr dramatisch, man trennt sich von Freunden oder Familienmitgliedern. Die Geschäfte laufen plötzlich nicht mehr, und man meint zeitweise, die Welt bricht über einem zusammen. Man muss sich jetzt mit den Fehlern oder Fehlentscheidungen seines Lebens auseinander setzen und – wenn nötig – diese ändern. Dies kann eine emotional äußerst fordernde und anstrengende Zeit werden, aber auch eine Zeit der Selbstbesinnung und Selbstfindung. Es ist auch möglich, dass man plötzlich in einem sozialen Bereich tätig wird und dies als sehr befriedigend empfindet.

Dachzahl 8

Die 8 steht für Geschäftssinn, Organisationstalent und Karma. Wenn man sich selbstständig machen will, ist dies eine gute Zeit, denn die 8 verspricht Erfolg in materieller und finanzieller Hinsicht. Allerdings muss man umsichtig mit dieser neuen Energie umgehen, denn sie hat sehr viel Kraft. Da die 8 eine Zahl des Karmas ist, ist es erforderlich, sich eine Balance zu schaffen. Man sollte außerdem berufliche oder private Aktionen nicht nur des Geldes, der Macht oder des Prestiges wegen starten, sondern weil man Freude daran hat und ein inneres Bedürfnis dazu verspürt. Ansonsten läuft man Gefahr, dass alles wieder so schnell verschwindet, wie es gekommen ist. Es ist wichtig, außer den materiellen auch die spirituellen Dinge im Auge zu behalten.

Während des Einflusses der 8 sollte man lernen, für sich selbst und sein berufliches Leben Verantwortung zu übernehmen. Die 8 schenkt sehr viel kreatives Potenzial, das man auf keinen Fall ungenutzt lassen sollte.

Dachzahl 9

Die 9 verlangt ein größeres Verantwortungsbewusstsein. Man wird zu mehr Verantwortung herangezogen und ist auch bereit, sie zu übernehmen. Man gewinnt Verständnis für seine Mitmenschen und die Umwelt. Was viele, die unter den Einfluss der 9 kommen, vergessen, ist, dass diese Verantwortung sich auch auf sie selbst bezieht. Es ist also wichtig zu lernen, auch gegenüber der eigenen Person verantwortlich zu handeln. Lassen Sie das, was Sie anderen Menschen an Hilfsbereitschaft entgegenbringen, auch sich selbst und Ihrer Familie zukommen. Diese Dachzahl ermutigt dazu, auch einmal über die eigenen Bedürfnisse nachzudenken. Die 9 ist auch die Zahl der erweiterten analytischen Fähigkeiten und der größeren geistigen Mobilität.

Die Dachzahl 9 verlangt von Ihnen größere Verantwortung. Das bedeutet auch Verantwortung für sich selbst, an die oft nicht gedacht wird.

Dachzahl 11

In den vielen Jahren, in denen ich mich mit Numerologie und der daraus resultierenden Energie beschäftigt habe, ist mir immer wieder aufgefallen, dass unter der Dachzahl 11 den Menschen plötzlich der Boden unter den Füßen wie weggezogen scheint. Ihr vormals geregeltes Leben gerät oft aus den Fugen, und sie fühlen sich plötzlich unheimlich verletzlich. Die 11 ist eine hoch sensible Zahl, und wenn man sich nicht von Geburt an damit auseinander setzen musste, ist diese »plötzliche« Sensibilität für die meisten Menschen schwer einzuordnen. Sie haben Angst, dass sie ihre innere Sicherheit verloren haben, und kommen nur schwer damit zurecht. So lassen sie ihren Frust oft an ihrem Umfeld aus und schaffen sich damit nur größere Probleme. Dies ist aber auch eine Zeit des erhöhten Einfühlungsvermögens, eine Möglichkeit, sich mehr für die Mitmenschen zu engagieren.

Das Persönliche Jahr

Wir haben aus unserem Geburtsdatum errechnet, wann wir das erste Mal unter einen bestimmen Zahleneinfluss, eine Dachzahl, kommen, und wissen, dass sich dies alle neun Jahre ändern wird. Aber was ist in den neun Jahren dazwischen? Sind sie Niemandsland? Diese Jahre werden durch die Zahlenqualität eines Persönlichen Jahres bestimmt.

Ein Persönliches Jahr errechnet sich immer aus der Quersumme des Geburtstags + -monat + letztem Geburtsjahr. Wenn wir also wieder das Geburtsdatum von Brigitte Schumann nehmen, so errechnet sich ihr Persönliches Jahr für 2003 folgendermaßen:

$$21.4.2003 = 2 + 1 + 4 + 2 + 3 = 12 = 3$$

Das Persönliche Jahr ist für 2003 eine 3, also ein Jahr für neue Ideen und um Neues zu starten. Die Dauer des Persönlichen Jahres währt immer von Geburtstag zu Geburtstag.

Ein Persönliches Jahr ist immer die Zeit von Geburtstag zu Geburtstag und errechnet sich aus der Quersumme des Geburtstags plus -monat plus das Jahr, in dem man den letzten Geburtstag gefeiert hat.

Wenn Sie Ihr Geburtsdatum nachrechnen, werden Sie feststellen, dass Ihr erstes Persönliches Jahr gleichzeitig Ihre Lebensnummer ist. Man kommt also nicht auf diese Welt und fängt mit 1 an, sondern beginnt sein Leben auf einer ganz bestimmten Ebene. In unserem Beispiel hat Brigitte Schumann ihr Leben mit einer 8 ($21.4.1963 = 2 + 1 + 4 + 1 + 9 + 6 + 3 = 26 = 2 + 6 = 8$) begonnen.

Die 1 repräsentiert einen Neuanfang, die 2 Partnerschaft oder das Gemeinsame (oder 11, die eher Verunsicherung bringt), die 3 gibt geistigen Aufschwung, die 4 setzt gute Pläne aus dem Vorjahr in die Wirklichkeit um, die 5 bringt Unruhe und Aktivität, die 6 liebt es harmonisch und mit Familie, die 7 verlangt, dass man sich bis jetzt Erreichtes noch einmal ansieht und Falsches ablegt, die 8 schafft noch einmal die Möglichkeit, Altes neu zu ordnen, und die 9 verlangt größere Verantwortung und schließt den Kreis, der dann wieder von vorne beginnt.

Wir beginnen den Zyklus der Dachzahlen immer in einem Persönlichen Jahr 9, das uns erlaubt, Vergangenes abzuschließen und gleichzeitig mit Neuem zu beginnen. Man kann sich nicht wirklich auf etwas Neues einstellen, wenn Vergangenes nicht bewältigt ist. Mit dem nächsten Persönlichen Jahr 1 wird man sich dann voll auf die Zukunft konzentrieren.

Deutungen für das Persönliche Jahr

Persönliches Jahr 1

Dies ist ein hervorragendes Jahr, um den Grundstein für etwas Neues zu legen. Es ist aber auch ein Jahr, in dem man sich plötzlich isoliert und ausgeschlossen fühlen kann. Man verlangt nach mehr Unabhängigkeit für sich selbst. In diesem Jahr sollte man lernen, als Person unabhängiger und selbstständiger zu werden. Partnerschaften können jetzt sehr verunsichert werden, weil der eine nicht weiß, warum der andere plötzlich nach Freiheit strebt und das Bedürfnis zum Alleinsein hat.

Persönliches Jahr 2

Die 2 stellt die Partnerschaft in den Vordergrund, sei es auf persönlicher oder geschäftlicher Ebene. Man kann auf dem aufbauen, was man sich im Jahr davor vorgenommen hat. Man ist kooperativer, schließt neue Freundschaften und möchte seine Gefühle auch wieder mit anderen teilen.

Persönliches Jahr 3

Es ist ein Jahr mit einem extra Schwung mentaler Energien. Man ist geistig reger, findet neue Ideen, geht gerne unter Menschen und wird auch mehr mit Menschen außerhalb der Familie zu tun haben. Kommunikation wird groß geschrieben. Es ist ein gutes Jahr für Ideen, um Neues auszuprobieren, einen anderen Kurs einzuschlagen. Es ist jedoch auch ein Jahr, in dem man sich mit der Vergangenheit auseinander setzen wird, vor allem, wenn es um Dinge geht, die man bis dahin ignoriert hat, weil man hoffte, sie würden von allein verschwinden. Wenn man jedoch die Vergangenheit aus der Versenkung holt und sich mit den Schwierigkeiten ernsthaft auseinander setzt, kann man diese alten Mühlsteine ein für alle Mal ablegen.

In einem Persönlichen Jahr 3 sollte man versuchen, die Vergangenheit aufzuarbeiten, um den Weg für Neues frei zu machen.

Persönliches Jahr 4

Hier wird das, was man für sich in den vorangegangenen Jahren entwickelt hat, auf eine solide Basis gestellt. Man hat die Geduld und das Sitzfleisch, seine Pläne in die Realität umzusetzen. Man sucht allerdings auch immer wieder nach Bestätigung, da die 4 das

Selbstvertrauen erschüttert. Es ist ein Jahr, in dem man etwas Konkretes erreichen will, an die eigene Zukunft und die anderer denkt. Man kann jetzt tatsächlich viel erreichen.

Persönliches Jahr 5

Es wird unruhig. Plötzlich sind die Ruhe der 4 und die Konzentration auf die Verwirklichung von Projekten nicht mehr genug. Man will hinaus, man braucht Luft. Für viele Menschen ist dies erschreckend, besonders wenn sie sonst keine Erfahrung mit der Zahl 5 in ihrem Geburtsdatum haben.

Eine innere Unruhe breitet sich aus. Es ist wichtig, diese abzubauen, indem man sich immer wieder eine Abwechslung verschafft. Viele Menschen reisen viel in diesem Jahr oder setzen einen Reiseplan plötzlich und unerwartet in die Tat um. Die 5 bringt Unstetigkeit, Freiheitsdrang, aber auch neue, vielfältige Möglichkeiten. Es ist ein Jahr der Spontaneität.

Wer sich eingeengt fühlt, wird in einem Persönlichen Jahr 5 an den Zügeln zerren und versuchen, sie zu zerreißen. Besser ist es, die Unruhe und Spontaneität positiv für sich umzusetzen.

Persönliches Jahr 6

In diesem Jahr werden Sie sich um Familie oder Familienangelegenheiten kümmern. Es wird vielleicht willkommene Ruhe nach dem vorangegangenen unruhigen Jahr bringen. Man wird sich den Anforderungen von Familie und Freunden stellen. Es ist ein gutes Jahr für neue Freundschaften, eine neue Liebe oder für die Möglichkeit, eine Partnerschaft bzw. Ehe auf eine neue, harmonischere Grundlage zu bringen.

Persönliches Jahr 7

Die 7 ist ein emotionales Jahr. Wir kommen dem Ende des Neun-Jahres-Zyklus näher, und die 7 konfrontiert uns mit den Dingen, die in unserem Leben nicht richtig waren. Es kann ein äußerst schwieriges Jahr werden, denn Freundschaften und Partnerschaften können sich ändern oder zerbrechen. Es wird gefühlsmäßig viel von uns verlangt. Es ist auch ein Jahr, in dem man sich selbst ändert. Wenn man sich entschließt, ein Geschäftsunternehmen anzufangen oder ein anderes einschneidendes Vorhaben durchzuführen, dann sollte man in diesem Jahr konkrete Pläne schmieden, sie aber möglichst erst im nächsten Jahr, also unter dem Persönlichen Jahr 8, umsetzen. Dann hat man nämlich einen klareren Kopf und trifft Entscheidungen auch mit dem Verstand und nicht nur emotional.

Persönliches Jahr 8

Dies ist ein Jahr, sich zu sammeln, Scherben vom Vorjahr aufzukehren und den Blick mit gesammelter Kraft nach vorne zu richten. Pläne, die man geschmiedet hat, werden realisierbar, man erlangt sein inneres Gleichgewicht wieder. Es ist ein Jahr, in dem man aus den Erfahrungen der Vorjahre lernen und die Energie, die die 8 mit sich bringt, positiv für einen Neuanfang einsetzen sollte. Jetzt hat man die Möglichkeit, sein Leben wieder ins Gleichgewicht zu bekommen. Das Persönliche Jahr 8 gibt einem viel Kraft sowie innere Stärke.

Persönliches Jahr 9

Dieses Jahr kann sehr anstrengend werden. Zum einen ist es der Abschluss eines Zyklus, und gleichzeitig kommt man unter den Einfluss einer neuen Energie, und zwar jener der Dachzahl. Man muss sich mit Altem und Neuem befassen. Es ist ein Jahr der Verantwortung anderen, aber auch sich selbst gegenüber. Menschen, die sich schwer tun, einen Wechsel zu akzeptieren und mit den sich ändernden Umständen fertig zu werden, haben es in diesem Jahr nicht leicht. Man sollte sich bewusst mit der Vergangenheit beschäftigen und von dem, was vorbei ist, innerlich Abschied nehmen. Gleichzeitig muss man sich auf das Kommende vorbereiten, nach vorne schauen und sich den Platz im Leben wieder neu erobern. Die 9 ist ein Trauerjahr, aber auch ein sehr aufregendes Jahr, denn man hat die Möglichkeit, sich eine neue, bessere Zukunft aufzubauen.

Persönliches Jahr 11

Das Persönliche Jahr für 2 rechnet sich sehr oft nicht zu einer 2, sondern als Quersumme zur 11, die nicht auf eine einstellige Zahl reduziert wird. Dieses Persönliche Jahr kann sehr dramatisch beginnen, indem man plötzlich glaubt, der Boden würde einem unter den Füßen weggezogen, und man das Gefühl hat, dass alle Unabhängigkeit und alles Selbstbewusstsein, das man sich aus dem Vorjahr mitgebracht hat, ins Nichts entschwinden. Die 11 bringt eine ausgeprägte Sensibilität mit sich und damit eine Verunsicherung gegen sich selbst und die eigenen Pläne. Hier heißt es, Nerven bewahren und sich nicht unterkriegen lassen. Diese Verunsicherung wird sich nach und nach bessern und im nächsten Jahr, dem der Lebensnummer 3, entschwinden.

Ein Weg und ein Zyklus gehen zu Ende. In einem Persönlichen Jahr 9 sollte man sich mit dem bisher Erreichten beschäftigen und sich auf neue Möglichkeiten freuen.

Gesundheit und Spannungspunkte

Zahlen sagen sicherlich nichts darüber aus, ob man gesund bleibt oder krank wird und um welche Art von Krankheit es sich handelt. Aber Ihre Geburtszahlen zeigen auf, wo die Schwerpunkte Ihrer Veranlagungen liegen. Sie deuten beispielsweise darauf hin, ob Sie sich mit gegensätzlichen Neigungen und Veranlagungen in Ihrer Persönlichkeit auseinander setzen müssen oder ob es zu Stress kommen kann. Vielleicht hatten Sie ursprünglich einmal den Wunsch, sehr viel zu erreichen, haben es aber nie geschafft. Man ärgert sich darüber, fühlt sich schuldig, ist mit sich unzufrieden. Das kann der Auslöser für Magenbeschwerden sein. Für den Fall, dass man krank wird oder wenn eine Krankheit chronisch zu werden droht, ist es also sinnvoll, sich einmal intensiv mit den eigenen Geburtszahlen zu beschäftigen und sich z. B. folgende Fragen zu stellen:

Welche Veranlagungen habe ich? Habe ich sie in die Tat umgesetzt und ausgelebt, oder war ich immer frustriert, weil ich meine Ziele nicht erreicht habe? Warum? Was war für mich im Leben wichtig? Konnte ich so, wie ich es für richtig hielt, leben? Musste ich gegen mich und meine Überzeugungen und Talente leben? Warum hat sich so viel negative Energie in mir aufgebaut? Und schließlich die wichtigsten Fragen: Wie bringe ich mich selbst wieder ins Lot? Was muss ich in meiner Persönlichkeit akzeptieren, was kann ich ändern? Wie stelle ich meine eigene innere Harmonie und meinen inneren Frieden her?

Die Geburtszahlen zeigen die Gegensätze und Spannungen in der Persönlichkeit auf und geben somit die Möglichkeit, durch dieses Wissen ein harmonischeres inneres Gleichgewicht zu schaffen.

1. Fallbeispiel

Eine Frau mit dem Geburtsdatum 24.8.1936 erkrankte sehr schwer. Jeder Versuch, ihre Krankheit zu bessern, brachte seltsamerweise ein eher negatives Ergebnis, obwohl sie nach außen hin viel Zuversicht und Mut zeigte. Bei der Analyse des Geburtsdatums ergab sich durch die 3-6-9-Ebene der Emotionen sowie die Lebensnummer 6, dass für diese Frau Familie und Familienleben sehr wichtig waren. Auch ihr Geburtstag am 24. rechnet sich zu einer 6, was absolutes Harmoniebedürfnis bedeutet. Ihre Monatszahl 8 ließ sie negativ und depressiv werden.

Bei Nachforschungen stellte sich heraus, dass die Frau allein lebte. Sie hatte eine gescheiterte Ehe hinter sich und keine Kinder. Ihre Enttäuschung ihrem Leben gegenüber muss sehr groß gewesen sein, denn etwas, das sie sich von ganzem Herzen gewünscht hatte, war nicht eingetreten. Sie hatte nie eine richtige Familie besessen, und letztendlich war auch noch ihr Lebenspartner etwa zwei Jahre vor Ausbruch ihrer Krankheit gestorben. Bis auf einige wenige Freunde war die Frau jetzt mit ihrer unheilbaren Krankheit allein. Ich nenne die Krankheit ganz bewusst nicht, denn ich denke, dass jeder auf außergewöhnlichen Stress anders reagiert.

Bei einem solchen Schicksal ist es sicher schwierig, sich ein harmonisches inneres Gleichgewicht zu schaffen. Es ist jedoch wichtig zu wissen, dass man sein Schicksal annehmen muss und nach einer gewissen Zeit der Trauer versuchen sollte, das Beste aus seinem Leben zu machen. Wenn sich allerdings über längere Zeit zu viel negativer Stress im Körper aufbaut, muss er sich irgendwo wieder abbauen, und es besteht die Möglichkeit, dass er dies in Form einer Krankheit tut. Das bedeutet nicht, dass man Krankheiten heilen kann, indem man sich plötzlich ein inneres Gleichgewicht schafft. Dies kann zwar der Heilung förderlich sein, aber es ist viel wichtiger, vorzubeugen, ehrlich zu sich zu sein und in innerer Harmonie zu leben.

Es ist wichtig, die inneren gegensätzlichen Veranlagungen nicht zu unterdrücken und sich ihrer nicht zu schämen. Lernen Sie, zu Ihren Bedürfnissen zu stehen und liebevoller mit sich selbst umzugehen.

2. Fallbeispiel

Nehmen wir einen Mann, der eine 5 als Lebensnummer und in seinem Geburtsdatum hatte. Er brauchte Freiheit, Unruhe und Bewegung. In seinem Geburtstag gab es aber auch eine 2, und für jemanden mit dieser Zahlenqualität hat eine Partnerschaft oder Familie hohen Stellenwert. Dieser Mann hatte bewusst sein Leben lang seinen Freiheitsdrang unterdrückt. Er lebte für seine Familie, kümmerte sich rührend um sie, doch er wurde in seinen besten Jahren sehr krank. Seine Familie wusste wohl, dass er immer von innerer Unruhe geplagt war, machte sich aber keine allzu großen Sorgen, das gehörte eben zu ihm. Es wäre besser gewesen, dieser Mann hätte den Mut aufgebracht, seinen Freiheitsdrang in einer konstruktiven Art und Weise auszuleben. Ich denke, dass es wichtig ist, dass man in einer Partnerschaft mehr gegenseitiges Verständnis aufbringt, was die Unterschiede in den jeweiligen Persönlichkeiten betrifft. Denn wenn man grundlegende Veranlagungen immer wieder unterdrücken muss, dann können sie sich in Wutausbrüchen,

Heulkrämpfen, Neurosen, Hautausschlägen und vielem mehr bemerkbar machen. Jeder von uns ist einzigartig, und jeder hat das Recht, seine Veranlagungen auszuleben. Allerdings muss man dann auch die Konsequenzen daraus tragen.

Es gibt so viele Ehen, bei denen nach außen hin alles stimmt, doch wenn man ein bisschen kratzt, dann kommen sehr oft verdrängte Wünsche, Sehnsüchte und innere Unzufriedenheit zu Tage. Wenn man hinterfragt, warum der Betreffende nichts ändert oder nicht zu seinen Sehnsüchten steht, dann fehlt in vielen Fällen der Mut, und viele flüchten sich in die Krankheit. Die Numerologie zeigt sehr klar und deutlich, wo in Ehen und Partnerschaften Differenzen bestehen, und gibt jedem damit die Möglichkeit, diese Unterschiede zu erkennen. Beide Partner haben die Chance, eine gegenseitige akzeptable Lösung für diese Unterschiede zu finden.

3. Fallbeispiel

Ein Beispiel in diesem Zusammenhang ist eine Frau, geboren am 14.6.1960, mit einer 9 als Lebensnummer. Sie litt durch ihre zweifache 6 unter einem schwachen Selbstbewusstsein, und die Lebensnummer 9 forderte von ihr, Verantwortung zu übernehmen. Sie hatte sich bereits einigen Operationen an Rücken und Hüfte unterzogen und war schon wieder auf dem Weg ins Krankenhaus. Die Frau lebte in einer Partnerschaft, die für ihre persönlichen Bedürfnisse keinen Raum ließ. Sie blieb wegen der Kinder und deren Versorgung dennoch bei dem Partner, d. h., sie musste ihre Tochter in ein Internat geben, der Sohn ihres Partners war zu Hause.

Ich fragte sie einmal, ob sie sich darüber im Klaren sei, dass sie das Krankenhaus als ihre Zuflucht sehe, wo sie sich der Verantwortung und Enttäuschung entziehen könne und selbst gepflegt werde, zumindest für eine Weile. Außerdem schien es so, als würde ihr die Last auf Dauer zu schwer. Die Frau hörte mir zwar aufmerksam zu, gab mir Recht, entschied sich aber letztendlich doch für die Krankheit und die Partnerschaft. Zwar wurde sie mit der Enttäuschung, ihre Tochter nur an Wochenenden sehen zu können, nie wirklich fertig, hatte aber noch mehr Angst vor einer Aussprache und einer eventuellen Trennung und der damit verbundenen Einsamkeit.

Man muss eine solche Entscheidung respektieren, denn jeder muss für sich entscheiden, was für ihn wichtig ist und womit er leben kann und will. Allerdings muss man sich bewusst machen, dass man we-

Schuldzuweisungen an sich oder den Partner sind ein sinnloses Unterfangen. Der Mut, die persönlichen Eigenheiten anzunehmen und auch dem Partner diesen Freiraum zu lassen, ist der bessere Weg.

der sein Umfeld noch seinen Partner, die Kinder oder Eltern für die eigene Krankheit verantwortlich machen kann. Die Verantwortung dafür und für unser inneres harmonisches Selbst liegt bei uns.

4. Fallbeispiel

Die 4 ist eine körperliche Energie, die durch Aktivitäten, sei es in einem Beruf, in dem viel körperlicher Einsatz gefordert wird, durch Sport oder o. Ä. abgebaut werden muss. Ich kannte ein Ehepaar mit einer kleinen Druckerei. Die Frau hatte dreimal die 4 in ihrem Geburtsdatum, war also äußerst praktisch veranlagt und als Hausfrau tätig. Der Mann hatte überhaupt keine 4 und leitete den Betrieb, wobei von ihm sehr viel körperlicher Einsatz verlangt wurde. Sie war zu Hause nicht ausgelastet und fing an zu trinken, während er in seinem Beruf total unglücklich war. Es wäre besser für beide gewesen, wenn die Frau die Druckerei übernommen hätte, sie wäre dann zumindest in der Lage gewesen, ihre aufgestauten körperlichen Energien produktiv und sinnvoll umzusetzen. Der Mann hätte sich dann eine seinen Talenten mehr entsprechende Arbeit suchen können.

Kinder müssen nicht wie ihre Eltern sein

Nur durch die bedingungslose Liebe der Eltern können Kinder lernen, sich selbst zu lieben und sich anzunehmen, so wie sie sind.

Hier noch ein Wort zum Thema Kinder, für die wir als Erwachsene für lange Zeit die Verantwortung tragen. Eltern sollten sich von der unrealistischen Annahme trennen, dass ihre Kinder wie sie sein müssen. Wenn sie es nicht sind oder anders reagieren als erwartet, hagelt es oft ungerechtfertigte Strafen, werden sie in vielen Fällen links liegen gelassen oder gar als schwierig abgestempelt. Auch hier wäre es wichtig, sich einmal die Unterschiede im Geburtsdatum anzusehen, um die Ursachen herauszufinden. Wenn Eltern Glück haben, dann haben ihre Kinder sehr viele ähnliche Veranlagungen. Wenn aber Kinder anders denken, sollte man auch die Gegensätze respektieren und lernen, sie zu verstehen.

Ich wünsche mir, dass dieses Buch zu einem besseren Verständnis dazu verhilft, dass die meisten Kinder mit anderen Veranlagungen geboren werden als ihre Eltern – schon allein deshalb, weil sie in einem anderen Jahrzehnt geboren wurden.

Ich selbst war als Kind dauerkrank mit sämtlichen Entzündungen, die man bekommen kann – von regelmäßiger Mittelohrvereiterung bis hin zum Blinddarmdurchbruch. Ich weiß heute, dass dies ein

*Auch wenn Kinder und
Eltern verschieden sind:
Werden die Unterschiede
akzeptiert, kann man in
Harmonie miteinander
leben.*

Hilferuf von mir nach mehr Aufmerksamkeit, Liebe und Zuwendung war. Meine Mutter und ich kamen während dieser Zeit nicht gut miteinander zurecht, denn wir waren uns von der Veranlagung her sehr ähnlich, aber trotzdem total verschieden und wussten natürlich nicht, was der Grund für die immer währende Spannung war.

Wie viele Kinder sind wohl aus diesem Grunde krank, in der Hoffnung, dass sich die Eltern Zeit für sie nehmen oder versuchen, sie besser zu verstehen. Ich denke, es lohnt sich, in der eigenen Familie einmal genauer hinzusehen und zu versuchen, Unterschiede zu erkennen und zu respektieren, um sich trotz bestehender Gegensätzlichkeiten mehr Zuneigung zu schenken. Der Energieaufwand dafür ist der gleiche wie für Gleichgültigkeit oder Rechthaberei – nur das Ergebnis ist weitaus schöner. Kinder werden, was ihre geistigen Fähigkeiten betrifft, oft falsch von den Eltern eingeschätzt, weil Faulheit oder fehlende Zielstrebigkeit oft mit fehlenden geistigen Fähigkeiten verwechselt werden. Kinder der neuen Generation werden wesentlich weniger zielorientiert sein, so wie wir dies bisher kennen. Deshalb werden viele Kinder ihren Eltern nicht in der Form gerecht werden können, wie man es bisher gewohnt war, da Kinder des neuen Jahrtausends zwei Veranlagungen, die wir bis dahin als selbstverständlich akzeptiert haben, nicht unbedingt auf diese Welt mitbringen werden. Das ist der Einfluss der 1, der Zielstrebigkeit und des Egoismus, und der 9, der analytischen Fähigkeiten.

**Wenn Ihr Kind oft krank
ist, z. B. häufig Grippe,
Husten oder Entzündungen hat, dann sollten Sie sich die Frage
stellen, ob dies nicht
ein Hilferuf bzw. ein Ruf
nach mehr Liebe ist.**

Spannungspunkte

Ich habe bereits darauf hingewiesen, wie wichtig es ist, sich ein harmonisches inneres Gleichgewicht zu schaffen. In diesem Kapitel möchte ich nun die Zahlen, die Spannungen allein durch ihre Gegensätzlichkeit erzeugen, näher erläutern.

Spannungspunkte 1 und 2

Ich fragte einmal einen Mann, wie er mit seinem Geburtsdatum, dem 1.2., zurechtkommt. Die Antwort kam wie aus der Pistole geschossen: »Nur mit Schwierigkeiten.« Man kann diese Schwierigkeiten erkennen: Die 1 steht für das Ego, die 2 für das Wir. Deshalb gab es auch in seinen jüngeren Jahren einen immer während Konflikt zwischen seinen Interessen und denen seiner Familie. Wenn die Interessen des Mannes überwogen, überwog auch das schlechte Gewissen; wenn er den Forderungen anderer nachgab, fühlte er sich unzufrieden. Die 1 und die 2 sind zwei gegensätzliche Pole, die man für sich zu einer harmonischen Einheit verbinden muss. Es kann gelingen – aber, wie die Familie des Mannes bestätigte, eben nur mit Schwierigkeiten.

Spannungspunkte 3 und 4

Ich bin der Meinung, dass man die 3 und die 4 gar nicht als Spannungspunkte erkennen kann, und doch sind sie es. Allerdings müssen sie als Gegenpole entweder im Geburtstag, -monat oder in der Lebensnummer erscheinen. Beispielsweise der 4.3. oder die 3. als Geburtstag, aber eine Lebensnummer 4. Warum das so ist? Die 4 ist die geerdete, praktische Zahl; sie möchte ein geregeltes Leben und Sicherheit. Die 3 ist genau das Gegenteil; sie braucht Abwechslung und hasst die Routine.

Wir leben in einer Zeit des Dauerstresses, und es ist notwendig geworden, sich einen ruhigen Pol zu schaffen, um neue Kraft zu tanken.

Wenn man sich nur auf die 4 und das geregelte Leben konzentriert, wird einem etwas fehlen, und irgendwann wird das Unterbewusstsein diesen Zustand ändern wollen und sich Abwechslung und Aufregung suchen. Wenn dies unkontrolliert geschieht, endet das nicht immer glücklich. Diese Menschen müssen sich einen Beruf suchen, in dem sie beide Bedürfnisse verbinden können, in dem also körperlicher Einsatz und geistige Mobilität gefragt sind. Das kann eine Tätigkeit vom Hotelfach bis hin zu den ärztlichen oder pflegenden Berufen sein – immer dort, wo man viel Kontakt mit anderen Menschen hat, denn die Zahl 3 braucht Menschen um sich.

Viele Menschen mit einer multiplen 4 besitzen die etwas unglückli-
che Veranlagung, sehr viel Spannung um sich herum zu schaffen.
Sie sind penibel, genau, gut organisiert, nach dem Motto »Wenn
schon, denn schon ...«. Sie vergessen, dass sie es sind, die diese
Veranlagung haben, und dass die meisten Menschen um sie herum
damit wenig anfangen können, weil sie sich anders organisieren
oder anders arbeiten möchten. Das muss nicht weniger genau sein,
nur eben anders. Menschen mit einer mehrfachen 4 meinen es oft
gut, aber man kann sie nur schwer davon überzeugen, dass sie die
Stressmacher sind und es damit auch in der Hand haben, größere
Toleranz gegenüber anderen zu üben. Eine friedlichere Zusammen-
arbeit wäre der Lohn der Mühe.

**Gegensätzliche Veranla-
gungen sind auch eine
Möglichkeit, innerlich zu
wachsen und größere
Toleranz zu lernen, sich
selbst und anderen
gegenüber.**

Spannungspunkte 5 und 6

Auch die Zahlen 5 und 6 stehen für Gegensätze: Die 5 steht für Freiheit, die 6 lässt den sehnlichen Wunsch nach einem harmonischen
Familienleben entstehen. Sehr viele Menschen haben aber beide
Zahlen in ihrem Geburtsdatum. Wichtig ist hier zu sehen, wie prominent diese gegensätzlichen Zahlen vertreten sind. Kommt die 6
vielleicht als vorletzte oder letzte Zahl im Geburtsjahr vor, die 5 aber
als Monat, dann wird die 5 das größere Gewicht haben.
Was aber, wenn jemand am 6.5.1965, Lebensnummer 5, geboren
ist? Hier kann man schon auf den ersten Blick erkennen, dass die-

*Wer gleichzeitig Freiheits-
drang und Nähebedürf-
nis als Veranlagungen in
sich trägt, hat es in einer
festen Partnerschaft
nicht immer leicht.*

Unterdrücken Sie nicht eine Veranlagung zugunsten anderer. Versuchen Sie, Ihre friedfertige Veranlagung mit Ihrer Unruhe auf harmonische Weise zu vereinen. Geben Sie Ihren spontanen Neigungen hin und wieder nach, um auch wieder ein friedvolleres Leben zu schätzen.

ser Mensch mit einem Konflikt konfrontiert wird, den er, wenn er ein erfülltes Leben führen will, für sich lösen muss. Die 5 wird in diesem Fall den Kampf gewinnen, denn die Lebensnummer 5 gibt den anderen 5en extra Gewicht.

Viele Menschen mit einer multiplen 5 finden es sehr schwierig, wenn nicht unmöglich, eine Partnerschaft auf Dauer aufrechtzuerhalten. Nur wenn sie ihren übersteigerten Freiheitsdrang ausleben können oder aber ihn total unterdrücken, ist dies möglich. Die erste Möglichkeit, den Freiheitsdrang auszuleben, ist einer Partnerschaft nicht sehr zuträglich. Die zweite Möglichkeit, den Freiheitsdrang zu unterdrücken, baut sehr viel inneren Stress auf und begünstigt damit die Möglichkeit einer stressbedingten Krankheit. Es wäre für solche Menschen sinnvoll, sich einen Partner zu suchen, der ähnliche Neigungen hat.

Spannungspunkte 7 und 8

Die 7 setzt sich selbst enorm unter Druck, und die betreffende Person glaubt erst einmal gar nichts. Wenn die 7 prominent im Geburtsdatum erscheint, ist diese Neigung verstärkt, und unglücklicherweise verrennen sich diese Menschen mit ihrer in nichts zu erschütternden Meinung oft in einen sehr schmerz- und leidensvollen Weg. Ich weiß von einer Frau, die an einem 7. geboren ist, dass sie in einer sehr unglücklichen Beziehung lebt. Es ist ein ewiges Drama: Sie ist hundertprozentig davon überzeugt, dass nur er sich ändern muss, damit die Beziehung klappt. Davon ist die Frau nicht abzubringen. Der Hinweis, dass sie zuerst bei sich selbst und ihrer eigenen Einstellung anfangen muss, stößt auf taube Ohren. Also lebt sie weiter in dieser unglücklichen Beziehung, und die Schwierigkeiten sind dieselben geblieben. Sie beharrt auf dem Versuch, ihn ändern zu wollen.

Es stellt sich die Frage: Wer lebt unter dem größeren Stress – der Partner oder die Person mit der prominenten 7, die ihn kreiert? Es scheint manchmal so, als ob Menschen mit der 7 ein gutes Drama erfrischend finden, ihr Umfeld allerdings oft weniger.

Die 8 kann, wenn sie keinen Ausgleich durch eine 3 oder 2 findet, sehr negativ sein. Sie zieht nahe stehende Menschen mit großer Energie in dieses negative Umfeld, und es ist sehr schwierig, dagegen anzukommen. Diese negative Energie, die durch eine mehrfache 8 verstärkt wird, scheint mir wie ein schweres Gewicht, das alles um sich erdrücken kann. Die betreffenden Personen sind sich dessen oft gar nicht bewusst, denn für sie ist dies eine Selbstverständlichkeit. Viele werden depressiv, sehen die Welt nur noch schwarz. Wenn sie damit für ihre Umgebung zu viel Spannung schaffen, muss man versuchen, ihnen zu erklären, welche Wirkung ihr negatives Denken auf andere hat. Partnerschaften, bei denen einer nur eine 3 und der andere nur eine 8 hat, müssen sich in gegenseitiger Toleranz üben. Denn der eine mit der 3 weiß es einfach, und der andere mit der 8 muss es erst logisch nachvollziehen können. Das ist insbesondere auch wichtig für Eltern, deren Kinder in den 80er Jahren geboren sind. Denn diese Kinder sind zunächst einmal alle mit einer logischen Denkweise behaftet.

Nutzen Sie die Eigenschaften der Zahlen: Die 7 macht hilfsbereit und die 8 kreativ. Sehr viel Spannung kann abgebaut werden, wenn man diese Veranlagungen zum eigenen und zum Wohl anderer nutzt.

Das neue Jahrtausend

So wie das Millennium 1000 unter der 1, dem Ich, stand, wird das neue Jahrtausend unter dem genau gegensätzlichen Einfluss stehen, nämlich der 2, dem Wir. Ich denke, dass sich damit ganz neue Möglichkeiten für die Menschheit auftun, denn es wird Personen geben, die keine 1 in ihrem Geburtsdatum haben und denen das Wir, also das Miteinander und Zueinander, wichtiger sein wird als das eigene Ich. Auch ist die Zahl 2 die Zahl der Intuition, des Einfühlungsvermögens sowie der Fröhlichkeit.

So wie die Menschen sich bis jetzt nicht den Zahleneinflüssen der Jahrhunderte oder Jahrzehnte entziehen konnten, werden sie auch nicht in der Lage sein, sich dem Einfluss dieser hoch potenzierten 2 zu entziehen. Zum besseren Verständnis hier ein kurzer Rückblick:

1950 begann das Jahrzehnt der Unruhe, des Rock 'n' Roll, neuer aufregender Impulse, denn in diesem Jahrzehnt nahm die 5 einen prominenten Platz in unserer Jahreszahl ein.

1960 wurde alles anders, die »flower people« waren »in«, man sprach von Liebe, Harmonie, Drogen, Wohngemeinschaften, Woodstock etc. Hier herrschte die 6 vor, die Harmonie und Idealismus als wichtigstes Merkmal hat.

1970 brachte uns wieder ein anderes Jahrzehnt, das der Selbsterfahrung galt. Sex stand im Mittelpunkt, und alles war erlaubt. Moralische Bedenken wurden beiseite geschoben, es wurde nach Lust und Laune experimentiert.

Im Buddhismus, der auch in der westlichen Welt mehr und mehr Anhänger findet, ist das Jahr 2000 längst angebrochen. Die friedvolle Einstellung der Buddhisten zum Leben lässt mich mit großem Optimismus der Zukunft entgegensehen.

Das Jahrzehnt ab 1980 war anders. Geld und Macht waren das vorherrschende Thema. Firmen sprossen wie Pilze aus dem Boden, große Gewinne wurden aus sehr unsicheren Investitionen gemacht. Ab 1990 gingen zahlreiche dieser auf Sand gebauten Firmen Pleite, unendlich viele Gelder waren verloren, und man begann Gründe zu hinterfragen, zu analysieren. Die 9 ist eine Zahl der Verantwortung und des analytischen Denkens, aber auch der Starrköpfigkeit. Das letzte Jahrzehnt des vergangenen Jahrhunderts zeigte die Menschen im Allgemeinen aufgeschlossener der Umwelt gegenüber.

Die 1 und 2 in der Gegenüberstellung

Wenn man dies zahlenmäßig analysiert, dann sieht man, dass die Jahre seit 1900 unter der 1 (1 + 9 = 1) stehen, doch dass auch die Zahlen der Jahrzehnte einen sehr großen Einfluss ausüben. Die 5 (1950) steht für Unruhe, die 6 (1960) für Liebe, Harmonie und das Schöne, die 7 (1970) für Selbsterfahrung, die 8 (1980) für Geld, Organisation, Macht, aber auch Kreativität, die 9 (1990) für analytische Fähigkeiten.

Über allem aber stand seit dem Jahr 1000 die 1 als übermächtiger Einfluss und damit das Ich. Wenn man die Geschichte zurückverfolgt, wird man erkennen, dass es in den letzten 1000 Jahren hauptsächlich um die Weiterentwicklung der Menschheit ging und dass man mit zum Teil großer Brutalität seine eigenen Ziele durchgesetzt hat.

Das gleiche Prinzip gilt für die Einflüsse der Jahrhunderte. In den Jahren ab 1400 hielt der Humanismus seinen Einzug in das Denken Europas. Die perspektivische Geometrie wurde erforscht, und Kolumbus entdeckte Amerika. Gutenberg erfand die Druckerpresse. Zahlreiche praktische neue Denkweisen und Erfindungen veränderten unsere Welt.

Die Jahre ab 1500 brachten dagegen sehr viel mehr Unruhe in die europäische Welt. Luther nagelte seine 95 Thesen an die Kirchentür in Wittenberg und leitete die Reformation ein. Die erste deutsche Bibel und die Forschungen von Kopernikus und Paracelsus wurden veröffentlicht.

Dann, ab 1600, veränderten neue Entdeckungen in Physik, Astronomie und Medizin das Weltbild. Der Protestantismus fasste endgültig Fuß. Der Westfälische Friede wurde geschlossen und beendete den Dreißigjährigen Krieg.

Die Jahre nach 1700 brachten das Zeitalter der Aufklärung und der Französischen Revolution. Der Bürger verlangte das Recht auf Selbstbestimmung. Voltaire, Rousseau, Goethe, Schiller, Mozart und viele andere repräsentierten diese neue Strömung. Amerika wurde unabhängig.

Es folgte 1800, und damit begann das Jahrhundert des Fortschritts. Seine Repräsentanten waren Robert Koch, Madame Curie, Albert Einstein, Rudolf Diesel und John Dunlop. Der Wechsel von der Landwirtschaft zur Industrie wurde vollzogen. Mit Methodik und Logik ging der Fortschritt unaufhaltsam voran. Aber auch die Moralvorstellung der Menschen wurde rigider und einzwängender.

Die Jahre ab 1900 schließlich haben alle Erfindungen und Entdeckungen des vorherigen Jahrhunderts analysiert und mit Schwindel erregender Rasanz verbessert und vorangetrieben.

Das Millennium 2000 war ein Neubeginn, dem sich die Menschheit nicht entziehen kann. Meiner Meinung nach war es ein positiver Neubeginn, da die 2 erst einmal die Interessen und das Wohlergehen anderer mit einbezieht. Es wird ein anderer Schlag Mensch sein, der dieses Jahrtausend bevölkern wird. Wie werden sie unser egoistisches und doch so aufregendes Jahrtausend rückblickend einstufen? Persönlich sehe ich der Entwicklung im neuen Jahrtausend mit großem Interesse und großer Hoffnung entgegen.

Wir haben die letzten 1000 Jahre damit zugebracht zu beweisen, dass wir die Herren der Welt sind. Verbringen wir doch die nächsten 1000 Jahre damit zu beweisen, dass wir mit der Welt und allen ihren Bewohnern in Einklang leben können.

Das letzte Jahrtausend war eines der Entdeckungen und Eroberungen. 1492 landete Christoph Kolumbus in Amerika.

Numerologie für Fortgeschrittene

Der Name

Ich werde immer wieder gefragt: Was ist, wenn Menschen das gleiche Geburtsdatum haben? Müssten dann diese Menschen nicht alle gleich sein? Das ist natürlich eine berechtigte Frage, denn es haben Tausende von Menschen das gleiche Geburtsdatum. Wie wir schon im Kapitel »Der Name« (ab Seite 77) gesehen haben, errechnet sich aus dem Namen die Seelen- und Motivationszahl und die Ausdrucks- und Talentzahl. Diese Zahl variiert für Menschen mit gleichem Geburtsdatum in immer wieder verschiedenen Kombinationen. Diese Zahlen bestimmen, welche Schwerpunkte sie in ihren Grundveranlagungen setzen, somit werden trotz gleicher Geburtsdaten diese Veranlagungen natürlich immer wieder anders genutzt. Daneben haben die einzelnen Buchstaben des Namens mit ihren dazugehörigen Zahlenenergien auch eine unterstützende oder ergänzende Funktion bei der Beurteilung des Geburtsdatums. Da die Zahlenenergien des Namens meist sehr variieren und ein Name oft alle oder die meisten Zahlenenergien von 1 bis 9 enthält, kann diese unterstützende Funktion durch die einzelnen Buchstaben nur sehr gering sein.

Der erste Buchstabe des Namens kann manchem Geburtsdatum größere Ausgeglichenheit geben.

Der erste Buchstabe

Anders verhält es sich beim ersten Buchstaben eines Vornamens. Dieser Buchstabe wird selten variiert. Auch wenn man aus seinem Vornamen einen Rufnamen macht, wie z. B. aus Rosemarie Rosie, bleibt doch die Zahleneigenschaft des ersten Buchstabens, hier die 9, unverändert.
Ein anderes Beispiel: Jemand ist am 23.5.1961 mit einer Lebensnummer 9 geboren, und der Vorname beginnt mit A, J oder S, also einer 1. Es wird einem solchen Menschen leichter fallen, sich gegen zu viele Anforderungen an seine verantwortungsbewusste Lebensnummer 9 zu wehren, da die 1 aus dem Namen ihm auch eine Portion Egoismus verleiht. Wenn bei gleichem Geburtsdatum der

Vorname allerdings mit einem R oder I beginnen sollte, also einer 9, dann ist es für diesen Menschen schon etwas schwieriger, Grenzen zu ziehen, da die 9-Energie des ersten Buchstabens auch die 9-Energie der Lebensnummer, also der Verantwortung und Verantwortlichkeit, unterstützt. Das Gleiche gilt, wenn in diesem Fall jemand z. B. am 9. eines Monats geboren wäre.

Der erste Buchstabe des Namens verstärkt oder unterstützt demnach eine bereits vorhandene Grundveranlagung oder wirkt wie eine Ergänzung. Man sollte allerdings diesen ersten Buchstaben im Zusammenhang mit dem Geburtsdatum sehen und nicht für sich alleine. Denn der Einfluss des ersten Buchstabens ist nicht so groß wie der einer Geburtstagszahl, eines Geburtsmonats oder einer Lebensnummer. Wenn der erste Buchstabe eines Namens sehr gegensätzlich zu den Energien des Geburtsdatums ist, so wird er sich immer wieder als störender Einfluss geltend machen, z. B. als Charaktereigenschaft, die eigentlich gar nicht zum gesamten Bild zu passen scheint. Gleichermaßen kann er als eine Ergänzung in einem sehr einseitigen Geburtsdatum dienen und eine ausgleichende Funktion zusätzlich zu den anderen Eigenschaften des Geburtsdatums haben.

Kinder, die im neuen Jahrhundert geboren werden, haben für lange Zeit durch ihr Geburtsdatum sehr einseitige Veranlagungen, der erste Buchstabe des Namens kann mehr Abwechslung bringen.

Der erste Buchstabe ist auch sehr hilfreich, z. B. im Falle von Zwillingen, um herauszufinden, warum sie in vielen Dingen gleich sind und doch wiederum verschieden, d. h. warum der eine beispielsweise eher zu einem Freiheitsdrang tendiert und der andere zum Stubenhocker.

Es ist also, vor allem in unserem neuen Jahrtausend, in dem Kinder für eine ganze Weile mit sehr einseitigen Geburtsdaten auf die Welt kommen (z. B. 2.3.2002), sehr wichtig, sich Gedanken über den Namen des Kindes zu machen. Zum einen für die Seelen- und Motivationszahl und Ausdrucks- und Talentzahl, zum anderen aber auch für den ersten Buchstaben des Namens, der bei einem solchen Geburtsdatum eine unterstützende Funktion einnehmen kann. Für ein Kind, das am 2.3.2002 mit einer 9 als Lebensnummer geboren ist, wäre es hilfreich, wenn man den ersten Buchstaben des Vornamens mit einem D, M oder V beginnen lassen könnte (also einer 4), um dem Kind als Veranlagung etwas mehr praktische Fähigkeiten mitzugeben. In diesem Fall würde der erste Buchstabe wie eine Ergänzung wirken.

Sehen Sie sich den ersten Buchstaben Ihres Namens oder den Ihres Partners oder Ihrer Kinder genauer an! Vielleicht finden Sie hier die

Erklärung, warum z. B. ein sehr harmoniebedürftiger Mensch trotz allem immer wieder streitsüchtig werden kann oder warum jemand immer wieder einmal emotional ausbricht, obwohl das eigentlich zu seinem Charakter allgemein nicht passt.

Im Folgenden werde ich mich ausschließlich mit dem ersten Buchstaben des Vornamens beschäftigen, da er den größten Einfluss ausübt und meist gleich bleibt. Auch wenn sich unser Nachname immer wieder ändert.

Deutungen

Der erste Buchstabe A, J, S = 1

Menschen, deren Name mit einer 1 beginnt, ist eine Portion Egoismus mit auf den Weg gegeben worden. Sie sind zielstrebig und wissen, was sie wollen. Sie sind eher unabhängig und lassen sich nicht gerne gängeln. Diese Veranlagung kann für solche Menschen sehr schwierig sein, vor allem, wenn sich sehr friedliebende oder harmonische Zahlen in ihrem Geburtsdatum befinden, wie z. B. die 6 als Geburtstag, Geburtsmonat oder Lebensnummer. Menschen mit einer solchen Veranlagung geben um der Harmonie willen eher nach, aber die 1 des Buchstabens gibt ungern klein bei. Man sieht also, dass es für Menschen oft sehr schwierig sein kann, wenn diese 1 völlig im Gegensatz zum Geburtstag, Geburtsmonat oder -jahr steht. Dies wird immer wieder für einen inneren Konflikt sorgen. Auf der anderen Seite gibt diese 1 Durchsetzungsvermögen, welches man vielleicht ohne sie nicht besäße.

Die Buchstaben A, J, S repräsentieren die 1 und geben einem Menschen Zielstrebigkeit, wenn er sie in seinem Geburtdatum vermisst. Achtung aber vor überzogenem Egoismus.

Der erste Buchstabe B, K, T = 2

Die 2 steht für Intuition und Fingerspitzengefühl, aber auch für Friedfertigkeit. Die 2 liebt das Gemeinsame und die Partnerschaft und orientiert sich eher an seinen Mitmenschen. Sie vergisst dabei ihre eigenen Bedürfnisse. Der Einfluss der 2 kann sich als sehr vorteilhaft erweisen, vor allem, wenn das Geburtsdatum eher Unabhängigkeit oder einen Hang zur Sturheit aufweist. Diese 2 wird einer Person die Unabhängigkeit nicht nehmen, aber sie wird ihr erlauben, mit mehr Diplomatie und Fingerspitzengefühl den eigenen Kopf durchzusetzen. Eine 2 als erster Buchstabe übt auch einen beruhigenden Einfluss auf ein Geburtsdatum aus, wenn die Zahlen unharmonisch sind, wie z. B. 7.5.1991.

Der erste Buchstabe C, L, U = 3

Die Energie der 3 symbolisiert die extrovertierte Veranlagung. Man geht gerne unter Menschen und hat auch zu Hause gerne Menschen um sich. Diese 3 wird es leichter machen, mit Menschen umzugehen, auch wenn ihnen dies durch ihre Grundveranlagung eher schwer fallen würde (z. B. 1.4.1955). So kann eine 3 in vielen Fällen eine Bereicherung und Ergänzung für das Geburtsdatum sein. Wenn allerdings schon mehrere 3en im Geburtsdatum vorhanden sind, kann es zu viel des Guten werden, und diese Menschen werden sich eher verzetteln oder, immer auf der Suche nach etwas Neuem, von einem Thema zum nächsten springen. Allerdings tun sie das auf die freundlichste Art und Weise.

Der erste Buchstabe D, M, V = 4

D, M, V sind erdgebundene Einflüsse und verhindern, dass jemand ohne 4 im Geburtsdatum nicht zu sehr abhebt.

Die Energie der 4 stabilisiert jedes Geburtsdatum, vor allem dann, wenn dieses selbst keine 4 aufweist. Die 4 verleiht praktische Fähigkeiten, Ausdauer und Zähigkeit. Wenn allerdings bereits mehrere 4en vorhanden sind, kann ein solcher Mensch sehr unflexibel werden. Da die 4 in einem Geburtsdatum auch immer wieder das eigene Selbstvertrauen infrage stellt, ist eine zusätzliche 4 durch den Namen eher eine Bürde. Ein solcher Mensch wird möglicherweise sehr an sich zweifeln, egal wie gut sein Umfeld ist. Er wird nie zufrieden sein. Sport ist hier ein guter Ausgleich, um die Energie von möglicherweise multiplen 4en auszugleichen.

Der erste Buchstabe E, N, W = 5

Die Energie der 5 gibt diesen Menschen eine innere Unruhe, die sie in ihrem Leben nicht loslassen wird, es sei denn, sie ändern ihren Namen. Diese Menschen sind spontan und treffen Entscheidungen lieber aus dem Handgelenk, als sich etwas sehr lange zu überlegen. Die 5 verleiht auch ein gewisses Durchsetzungsvermögen, allerdings ist es hier wichtig, sich die anderen Zahlen des Geburtsdatums anzusehen. Für Menschen mit einem eher ruhigen Geburtsdatum (z. B. 4.2.1982) kann dies das Salz in der Suppe sein, denn diese 5 bringt immer wieder Aufregung und Unvorhersehbares in ein Leben. Man trifft plötzliche Entscheidungen, obwohl man eigentlich kein Mensch der unüberlegten Entscheidungen ist. Wenn natürlich noch andere 5en im Geburtstag, Geburtsmonat oder Geburtsjahr vorhanden sind, dann wird diese 5 den bereits vorhandenen Freiheitsdrang noch verstärken. Beziehungen können für solche Menschen ein großes Problem sein, da sie sich nicht »einsperren« lassen und auch das Gefühl, beengt zu sein, nicht vertragen.

Der erste Buchstabe F, O, X = 6

Die Energie der 6 steht für Harmonie, den Wunsch nach dem Schönen und Friedlichen. Man möchte keinen Streit und mit seinen Mitmenschen in Frieden leben, auch wenn dies bedeutet, dass man zurückstecken muss. Wenn man ein Geburtsdatum mit einem ausgeprägten Freiheitsdrang (z. B. 5.3.1982) oder einer ausgeprägten Zielstrebigkeit (1.7.1981) hat, dann kann diese 6 einen beruhigenden Einfluss auf dieses Geburtsdatum ausüben. Es fällt einem leichter, auch einmal einen Kompromiss einzugehen, da man mit seinem Umfeld in Harmonie leben möchte.

Die Buchstaben F, O, X vermitteln Harmonie und sind eine Bereicherung in jedem Geburtsdatum.

Der erste Buchstabe G, P, Y = 7

Die Energie der 7 ist immer eine emotionale Energie, die den Gerechtigkeitssinn und die eigene Selbstfindung unterstützt. Die 7 macht das Leben oft sehr schwer, da diese Energie auch die Selbsterfahrung groß schreibt. Diese Menschen tun sich schwer, die Meinung anderer anzunehmen oder auch nur in Betracht zu ziehen, da sie jede andere Meinung außer der eigenen oft zu schnell ablehnen. Sie haben großes Selbstvertrauen in sich selbst und auf ihre eigene Stärke. Diese 7 gibt diesen Menschen emotionale Stärke und Kraft. Wenn allerdings multiple 7en vorhanden sind, können diese Menschen sich ihr eigenes Leben und das ihres Umfeldes durch Starrsinn oder Unflexibilität sehr schwer machen.

Der erste Buchstabe H, O, Z = 8

Die Energie der 8 verleiht innere Überzeugungskraft und Stärke. Die 8 unterstützt vorhandene Geschäftstüchtigkeit, Organisationstalent sowie kreative Veranlagungen. Sie bringt auch einen eher trockenen Humor und logisches Denken mit sich. Als erster Buchstabe wird sie einem sehr sensiblen Geburtsdatum (z. B. 2.11.1969) Stabilität verleihen. Wenn mehrere 8en im Geburtsdatum vorhanden sind, wird es schwieriger, die Kraft der Energie 8 in einem harmonischen Gleichgewicht zu halten, da man dazu neigt, das Umfeld und das Leben an sich als schwieriger anzusehen, als es in Wirklichkeit ist. Auch einen Hang zur Melancholie wird die 8 verstärken.

Der erste Buchstabe I, R = 9

Die Energie der 9 steht für analytisches Denken und Verantwortungsbewusstsein. Menschen, deren erster Buchstabe des Namens ein I oder R ist, werden sich diesem Verantwortungsgefühl nie ganz entziehen können, auch wenn ihr Geburtsdatum eine solche Veranlagung nicht offensichtlich unterstützt (z. B. 1.5.1976). Sie sind die Menschen, die gerne mit Rat und Tat zur Seite stehen, Verständnis zeigen und die Stützen in ihrer Familie sind. Auch unterstützt die 9 die analytischen Fähigkeiten, die im letzten Jahrhundert Geborene noch besitzen. Wenn allerdings bereits mehrere 9en im Geburtsdatum vorhanden sind, sollte man sich bewusst sein, dass ein Verantwortungsgefühl auch die Verantwortung für sich selbst einschließt. Es ist ein Unterschied zwischen echter Hilfeleistung und ausgenutzt werden, und diesen Unterschied muss man sich mit multiplen 9en bewusst machen, sonst leidet man unter der großen Verantwortung, die einem andere und auch man sich selbst auferlegen.

Wer zu einem bestimmten Lebensjahr noch mehr Informationen wünscht kann die Zahl der Entfaltung mit in die Zukunftsanalyse einbeziehen.

Die Zahl der Entfaltung

Die Zahl der Entfaltung lässt Sie in die Zukunft sehen über Jahre hinaus. Wird Ihre Partnerschaft harmonisch verlaufen? Diese Zahl zeigt es Ihnen.

Was ist die Zahl der Entfaltung? Diese Zahl errechnet sich als Quersumme aus den einzigen variablen Zahlen in unserem Geburtsdatum. Was sind diese variablen Zahlen?

1. Das Persönliche Jahr

Die Zahl des Persönlichen Jahres ändert sich jedes Jahr, beginnend mit dem Persönlichen Jahr 1 bis zu dem Persönlichen Jahr 9, um dann wieder mit dem Persönlichen Jahr 1 zu beginnen.

2. Die Dachzahl

Eine Dachzahl errechnet sich aus dem Geburtsdatum und spielt erst zu einem späteren Zeitpunkt in unserem Leben eine Rolle. Eine Dachzahl bleibt auch nicht jedes Jahr die gleiche Zahl, sondern die Energie einer Zahl behält ihren Einfluss für neun Jahre, ehe sich diese Zahl und seine Energie erneut für neun Jahre verändert.

3. Die Buchstaben des Namens

Jedem Buchstaben ist eine Zahl zugeordnet, die gleichzeitig eine bestimmte Energie repräsentiert. Jeder Name enthält mehrere Buchstaben und hat damit verschiedene Zahlenenergien in sich vereint.

Die Zahl der Entfaltung ist also eine Zahl, die sich nicht allein aus den Geburtszahlen errechnen lässt und die man auch nicht sofort aus dem Geburtsdatum ersehen kann. Sie entfaltet ihren Einfluss eher im Unbewussten und verhält sich auch nicht so, wie wir es von der Gesetzmäßigkeit der Zahlen in der Numerologie normalerweise gewohnt sind.

Da die Buchstaben des Namens in dieser Analyse eine große Rolle spielen und die Zahlenwerte der Buchstaben variieren, ändert sich die Zahl der Entfaltung nicht in der numerischen Reihenfolge, also in immer währender Regelmäßigkeit von 1 bis 9, wie wir es z. B. bei dem Persönlichen Jahr gewohnt sind oder bei der Dachzahl, die sich alle neun Jahre ändert. Bei der Deutung der einzelnen Zahlen gelten allerdings die Charakteristiken der Zahlen von 1 bis 9 und der Zahl 11. Das klingt vielleicht sehr schwierig, ist es aber nicht! Die Ermittlung der Zahl der Entfaltung erfordert jedoch etwas mehr Mühe und Aufwand.

Jedem Buchstaben ist eine Zahl zugeordnet. Je nachdem, ob es beispielsweise eine 1 oder eine 7 ist, wird der Einfluss der Qualität dieser Zahl Ihr Leben die jeweiligen Jahre begleiten.

Wie man die Zahl der Entfaltung errechnet

1 Nehmen Sie ein Blatt Papier, und teilen Sie es in neun Spalten auf.

2 In die erste Spalte schreiben Sie Ihr Alter und beginnen bitte mit 0, denn Ihr erstes Persönliches Jahr (gleichzeitig Ihre Lebensnummer) beginnt sofort nach Ihrer Geburt, also mit 0.

3 In die zweite Spalte schreiben Sie untereinander die Buchstaben Ihres Vornamens. Jeder Buchstabe wird so oft untereinander geschrieben, wie es der Zahlenwert vorschreibt (z. B. B = 2, also schreibt man den Buchstaben B 2 x untereinander).

4 In der dritten Spalte verfahren Sie genauso mit einem Mittelnamen, wenn Sie einen haben.

5 In der vierten Spalte schreiben Sie die Buchstaben Ihres ersten oder einzigen Nachnamens untereinander.

6 In der fünften Spalte schreiben Sie die Buchstaben Ihres zweiten Nachnamens untereinander, falls Sie einen Doppelnamen haben, wenn nicht, bleibt diese Spalte leer.

Brigitte Schumann • Geburtsdatum 21.4.1963 • Lebenszahl 8

Lebens-jahr	Name Buchstaben in Zahlen				Dach-zahl	Pers. Jahr	Zahl der Entfaltung	Jahr
	Vor-name	Mittel-name	Nach-name 1	Nach-name 2				
0	B 2			S 1		8	11	1963
1	B 2			C 3		9	5	1964
2	R 9			C 3		1	4	1965
3	R 9			C 3		2	5	1966
4	R 9			H 8		3	2	1967
5	R 9			H 8		4	3	1968
6	R 9			H 8		5	4	1969
7	R 9			H 8		6	5	1970
8	R 9			H 8		7	6	1971
9	R 9			H 8		8	7	1972
10	R 9			H 8		9	8	1973
11	I 9			H 8		1	9	1974
12	I 9			U 3		2	5	1975
13	I 9			U 3		3	6	1976
14	I 9			U 3		4	7	1977
15	I 9			M 4		5	9	1978
16	I 9			M 4		6	1	1979
17	I 9			M 4		7	2	1980
18	I 9			M 4		8	3	1981
19	I 9			A 1		9	1	1982
20	G 7			N 5		1	4	1983
21	G 7			N 5		2	5	1984
22	G 7			N 5		3	6	1985
23	G 7			N 5		4	7	1986
24	G 7			N 5		5	8	1987
25	G 7			N 5		6	9	1988
26	G 7			N 5		7	1	1989
27	I 9			N 5		8	4	1990
28	I 9			N 5	7	9	3	1991
29	I 9			N 5	7	1	4	1992
30	I 9			S 1	7	2	1	1993
31	I 9			C 3	7	3	4	1994
32	I 9			C 3	7	4	5	1995
33	I 9			C 3	7	5	6	1996
34	I 9			H 8	7	6	3	1997
35	I 9			H 8	7	7	4	1998
36	T 2			H 8	7	8	7	1999
37	T 2			H 8	4	9	5	2000
38	T 2			H 8	4	1	6	2001
39	T 2			H 8	4	2	7	2002
40	E 5			H 8	4	3	2	2003
41	E 5			H 8	4	4	3	2004

7 In die sechste Spalte schreiben Sie von oben nach unten Ihre Dachzahl, beginnend mit dem Jahr, in dem Sie zum ersten Mal unter den Einfluss der Dachzahl gekommen sind.

8 In der siebten Spalte tragen Sie von oben nach unten die Zahl für Ihr Persönliches Jahr ein, also bei 0 Ihre Lebensnummer, die auch ihr erstes Persönliches Jahr ist. In unserem Beispiel fängt das Persönliche Jahr mit einer 8 an, dann zählen Sie das nächste Jahr als 9 und dann erst wieder die 1, 2, 3 etc. bis 9.

9 In der achten Spalte errechnen Sie nun die Quersummen aus allen Zahlen (Namen, das Persönliche Jahr und Dachzahl, sollten Sie bereits unter dem Einfluss einer Dachzahl sein). Dies ergibt die Zahl der Entfaltung.

10 Die neunte Spalte ist reserviert für das Kalenderjahr, das chronologisch untereinander geschrieben wird und in keine Kalkulation mit einbezogen wird.

Immer, wenn Sie alle Buchstaben eines Namens vollständig mit den dazugehörigen Zahlen eingetragen und Sie immer noch nicht das Alter erreicht haben, das Sie analysieren möchten, beginnen Sie mit dem Namen von vorne. Auch wird die Reihenfolge des Persönlichen Jahres immer wieder wiederholt und auch die jeweilige Dachzahl neunmal untereinander geschrieben, bis Sie das Alter erreicht haben, das Sie genauer analysieren möchten.

Ich werde Ihnen anhand des Beispiels von Brigitte Schumann demonstrieren (vgl. Seiten 9ff.), wie man die Zahl der Entfaltung ausrechnet. Die relevanten Zahlen werden immer von oben nach unten folgendermaßen in eine Tabelle eingetragen: In unserem Beispiel mit dem Vornamen Brigitte wird also B 2 x eingetragen, da dem Buchstaben B die 2 zugeordnet ist, die R (= 9) 9 x, I (= 9) 9 x, G (= 7) 7x, I (= 9) 9 x, T (= 2) 2 x, E (= 5) 5 x. Wenn der Vorname komplett eingetragen ist und man das Alter noch nicht erreicht hat, das man analysieren möchte, wird dieser Vorgang wiederholt. Eine solche Tabelle wird also so lange weitergeführt, bis man das Alter oder das Jahr erreicht hat, das man genauer analysieren möchte.

Die Buchstaben des eigenen Namens werden von oben nach unten in die Tabelle eingetragen, und zwar immer so oft wie die Zahl, die diesem Buchstaben im Alphabet zugeordnet ist (siehe Seite 80).

Neue Deutungen bei Namensänderungen

Dann geht man folgendermaßen vor: In unserem Beispiel heißt Brigitte Schumann z.B. nur bis zu ihrem 28. Lebensjahr so. Mit 28 Jahren heiratet sie, und sie nimmt einen anderen Namen an und heißt ab jetzt Brigitte Meier.

Wenn ein solcher Namenswechsel für Sie zutrifft, dann beginnen Sie von dem Jahr an, in dem dieser Namenswechsel stattgefunden hat, in der Kolumne für den Nachnamen den neuen Namen einzutragen. Wenn der Vorname gleich geblieben ist, dann ändert sich für den Vornamen nichts, und er wird wie bereits beschrieben fortgeführt.

Falls Sie den Namen öfter gewechselt haben, aber zum Zeitpunkt Ihrer Analyse wieder Ihren Geburtsnamen angenommen haben, dann fangen Sie mit dem ersten Buchstaben Ihres Geburtsnamens in der Tabelle in dem Jahr Ihres Wechsels wieder an.

Wenn Sie allerdings nach einem ersten Namenswechsel nochmals einen neuen Namen angenommen haben, dann müssen Sie ab dem Jahr, in dem Sie den Namen erneut gewechselt haben, wieder mit den Buchstaben des neuen Namens beginnen.

Ein Namenswechsel verändert nicht Ihre Persönliche Zahl oder Ihre Dachzahl, er beeinflusst allerdings durch die veränderten Buchstaben-Zahlenwerte die Quersummen und damit den Einfluss, den die Zahl der Entfaltung auf Ihr Persönliches Jahr haben wird.

Es ist außerdem zu beachten, dass z. B. bei zwei weiteren Vornamen beide wegfallen und nur der erste Vorname und der Nachname gerechnet werden. Bei Doppelnamen behandeln Sie diesen Namen jeweils wie einen eigenständigen Nachnamen, d. h., Sie schreiben in die vierte Spalte die Buchstaben und Ihre Zahlenwerte für den zweiten Nachnamen ab dem Alter, in dem Sie diesen neuen Nachnamen angenommen haben.

Wie Sie aus der nebenstehenden Tabelle sehen können, ändern sich durch den veränderten Namen auch die Einflüsse der Zahl der Entfaltung. Unter Brigitte Schumann war zum 28. Lebensjahr die Zahl der Entfaltung eine 3, die trotz der sehr emotionalen Dachzahl 7 einen stabilisierenden Einfluss hatte. Nach dem Namenwechsel wurde diese Zahl der Entfaltung eine 11, und dieses Jahr wurde sicherlich sehr viel emotionaler und schwieriger, da die Zahl 11 ja auch sehr verunsichernd sein kann.

Wie aus den aufgeführten Tabellen zu erkennen ist, lässt sich die Zahl der Entfaltung nicht automatisch von 1 bis 9 durchrechnen. Sie ändert sich durch die wechselnden Buchstabenwerte immer wieder in ihrer Quersumme und macht sie deshalb als Einfluss eher unberechenbar, d. h., Sie können für zwei Jahre unter dem Einfluss einer stabilisierenden 4 und das Jahr danach unter dem einer emotionalen 7 stehen.

Wenn Sie den Namen ändern, dann erhalten Sie andere Buchstaben und andere Zahlenqualitäten, die Sie von da an begleiten werden. Merken Sie sich das Jahr, in dem Sie Ihren Namen geändert haben.

Brigitte Schumann • Geburtsdatum 21.4.1963 • Lebenszahl 8
ab 28. Lebensjahr Brigitte Meier, geb. 21.4.1963

Lebens-jahr	Name Buchstaben in Zahlen				Dach-zahl	Pers. Jahr	**Zahl der Entfaltung**	Jahr
	Vor-name	Mittel-name	Nach-name 1	Nach-name 2				
0	B 2			S 1		8	11	1963
1	B 2			C 3		9	3	1964
2	R 9			C 3		1	4	1965
3	R 9			C 3		2	5	1966
4	R 9			H 8		3	2	1967
5	R 9			H 8		4	3	1968
6	R 9			H 8		5	4	1969
7	R 9			H 8		6	5	1970
8	R 9			H 8		7	6	1971
9	R 9			H 8		8	7	1972
10	R 9			H 8		9	8	1973
11	I 9			H 8		1	9	1974
12	I 9			U 3		2	5	1975
13	I 9			U 3		3	6	1976
14	I 9			U 3		4	7	1977
15	I 9			M 4		5	9	1978
16	I 9			M 4		6	1	1979
17	I 9			M 4		7	2	1980
18	I 9			M 4		8	3	1981
19	I 9			A 1		9	1	1982
20	G 7			N 5		1	4	1983
21	G 7			N 5		2	5	1984
22	G 7			N 5		3	6	1985
23	G 7			N 5		4	7	1986
24	G 7			N 5		5	8	1987
25	G 7			N 5		6	9	1988
26	G 7			N 5		7	1	1989
27	I 9			N 5		8	4	1990
28	I 9			M 4	7	9	11	1991
29	I 9			M 4	7	1	3	1992
30	I 9			M 4	7	2	4	1993
31	I 9			M 4	7	3	5	1994
32	I 9			E 5	7	4	7	1995
33	I 9			E 5	7	5	8	1996
34	I 9			E 5	7	6	9	1997
35	I 9			E 5	7	7	1	1998
36	T 2			E 5	7	8	4	1999
37	T 2			I 9	4	9	6	2000
38	T 2			I 9	4	1	7	2001
39	T 2			I 9	4	2	8	2002
40	E 5			I 9	4	3	3	2003
41	E 5			I 9	4	4	4	2004

Da diese Zahl der Entfaltung das Persönliche Jahr qualifiziert, zeigt sie auf, welche weiteren Energien in einem gegebenen Jahr von Bedeutung sein werden und welchen Einfluss diese Energien auf das für Sie gültige Persönliche Jahr nehmen werden. Wenn wir unser Beispiel der Brigitte Schumann noch einmal ansehen, so haben wir z. B. für das Jahr 1998 eine 4 als Zahl der Entfaltung errechnet. Dies bedeutet für Frau Schumann, dass trotz der schwierigen Konstellation von 7 als Dachzahl und 7 als Persönlichem Jahr auch etwas Konstruktives aus diesem Jahr hervorgegangen ist. Wenn wir uns für das gleiche Jahr die Tabelle nach dem Namenswechsel ansehen, wird die ehemalige Frau Schumann, jetzt Meier, ein sehr viel schwierigeres Jahr haben, da die Zahl 1 auf einen Neuanfang drängt, zu dem man eventuell noch nicht bereit ist. Dies können möglicherweise neue Angebote, aber auch das Gefühl des Alleinseins sein.

Die Zahl der Entfaltung fördert oder behindert Ihre Entwicklung. Sie ist nicht dem Gesetz der Gleichmäßigkeit unterworfen und ist daher so spannend.

Wenn Sie Ihre Zukunft mit der Zahl der Entfaltung analysieren wollen, dann sehen Sie sich immer zunächst Ihre Dachzahl an, falls diese bereits eine Rolle spielt, denn der Einfluss dieser Zahl hat eine übergeordnete Bedeutung. Die Zahl des Persönlichen Jahres jedoch verändert sich jedes Jahr und symbolisiert damit die persönliche Entwicklung, die man in seinem Leben immer wieder durchmacht, denn wann immer wir eine 9 als Persönliches Jahr erreicht haben, beginnt der Kreislauf von neuem mit der Zahl 1.

Der Stellenwert der Zahl der Entfaltung

Die Zahl der Entfaltung entspricht der zweiten Karte der Tarotkarten im Keltischen Kreuz; symbolisch kreuzt sie die Energie des Persönlichen Jahres und fördert oder behindert die Entwicklung, die durch die Zahl dieses Persönlichen Jahres ausgedrückt wird. So kann es z. B. sein, dass man im Persönlichen Jahr 6, das eigentlich für Partnerschaft, Familie und Harmonie steht, dieses Jahr gar nicht so erlebt. Wenn man sich unser Beispiel wieder ansieht, kann man erkennen, dass sich das Jahr 1979 für Brigitte Schumann eher als einsam gezeigt hat oder dass aus einer Liebesaffäre nichts Dauerhaftes geworden ist oder diese sogar zu Ende gegangen ist. Die 1 als Zahl der Entfaltung ist ein Einfluss, bei dem es einem eher nach Selbstständigkeit verlangt.

Man kann diese Zahl der Entfaltung also nicht alleine für sich sehen, wie z. B. die Dachzahl oder das Persönliche Jahr, sondern muss sie im Zusammenhang mit dem Persönlichen Jahr bewerten. Wenn die Zahl der Entfaltung die gleiche Zahl ist wie das Persönliche Jahr oder die Dachzahl, dann verstärkt diese Zahl die Intensität der dieser Zahl zugeschriebenen Eigenschaft. Die Zahl 11 kann auch hier nicht zu einer 2 reduziert werden.

Wenn man sich die Zahl der Entfaltung in der Vorausschau ansieht, kann man bereits feststellen, mit welchen Themen und Schwerpunkten ein Projekt laufen wird. Nehmen wir an, Sie beginnen einen neuen Job. Sehen Sie sich die Zahl der Entfaltung an! Welche Zahlen überwiegen? Gibt es besonders oft die 9, d. h., werden Sie immer wieder etwas abschließen und Verantwortung übernehmen müssen? Oder gibt es öfter die 7, d. h., sind die kommenden Jahre mit sehr viel Emotionen verbunden?

Wie ändern sich diese Zahlen für Sie in Zukunft nach einem Namenswechsel, z. B. wenn Sie heiraten? Wird die Ehe sehr ruhig verlaufen, oder werden sich viele Veränderungen einstellen? Wie sieht die Zahl der Entfaltung bei Ihrem Partner aus? Hat er oder sie eher die praktischen und ruhigeren Zahlen der 2, 4, 6 oder 8 oder mehr die Zahlen der Veränderung wie 1 und 5 oder die Zahl des Beendens und der Verantwortung wie die 1 und die 9? Wie oft erscheinen diese Zahlen und in welchen Jahresabständen? Sind z. B. zwischen einer 1 und einer unruhigen 5 ein paar Jahre dazwischen, oder folgen sie unmittelbar aufeinander? Letzteres kann ein Hinweis darauf sein, dass es sehr turbulent zugehen wird, oder dass ein Wohnungs-, Orts- oder Berufswechsel ansteht. Sehen Sie sich diese Zahlen genau an! Wenn Sie planen, Ihren Namen zu ändern, dann berechnen Sie am besten Ihren alten und Ihren geplanten neuen Namen einige Jahre voraus, um zu sehen, welche Einflüsse auf Sie zukommen werden!

Es lohnt sich, die Zahl der Entfaltung auszurechnen und seinen versteckten Einfluss ans Tageslicht zu bringen.

Deutung

Zahl der Entfaltung 1

In einem solchen Jahr sollte man sich auf das Wesentliche konzentrieren, und zwar auf die Ziele, die man sich gesetzt hat und die man in seinem Leben noch erreichen will. Möglicherweise gibt es neue Chancen in diesem Jahr oder Hinweise auf eine mögliche neue Richtung. Es ist ein Jahr, in dem man seine eigenen Ziele unbeirrt verfolgen sollte und wahrscheinlich auch wird. Es gibt die Möglichkeit neuer Chancen beruflicher oder privater Art. Oft bedeutet es auch ein sehr einsames Jahr für den Betroffenen. Es ist, als ob einem die Möglichkeit gegeben werden sollte, in Ruhe über sein Leben und seine Zukunft nachzudenken. Sehen Sie es als Chance, sich neu zu orientieren. Wenn das Persönliche Jahr 1 oder die Dachzahl 1 mit der Zahl der Entfaltung 1 zusammenfällt, kann es passieren, dass man glaubt, man habe niemanden mehr auf der Welt. Vielleicht sollte man sich auch einmal Zeit für sich nehmen. Oft läuft man vor sich davon oder will sich bestimmten Problemen nicht stellen. Die Zahl der Entfaltung 1 gibt Ihnen die Möglichkeit zur Problemlösung.

Zahl der Entfaltung 2

**Der Einfluss der Zahlen-
qualität 2 unterstützt
jede Partnerschaft und
bringt neue Gemein-
samkeiten.**

Die 2 ist die Zahl der Kooperation und Gemeinsamkeit. Sie unterstützt gemeinsame Projekte, einen Vertrag oder ein Vorhaben, die man mit anderen Menschen realisieren möchte. Wenn man sich darauf einlässt, sollte man sich die Zahlen des nächsten Jahres ansehen, ob diese ein Partnerschaftsunternehmen unterstützen. Ist die darauf folgende Zahl der Entfaltung eine 7 oder 9, dann sollten Sie sich Ihr Vorhaben noch einmal gründlich überlegen. Dieses Jahr ist auch ein sehr gutes Jahr für Partnerschaft und Liebe. Man fühlt sich bereit, sich auf den Partner einzustellen oder sich auf eine neue Partnerschaft einzulassen. Wenn dieses Jahr von einem Persönlichen Jahr 11 begleitet wird, dann kann es allerdings durch die besondere Sensibilität dieses Jahres schnell zu Missverständnissen kommen.

Zahl der Entfaltung 3

Diese Zahl symbolisiert einen geistigen Aufschwung und neue Ideen. Sie unterstützt jedes Vorhaben durch gesteigerte geistige Mobilität und Aufgeschlossenheit. Man geht in diesem Jahr leichter auf Menschen zu und fühlt sich aufgeschlossener und oft auch fröhlicher, als man es vielleicht von sich gewohnt ist. Viele Probleme scheinen überschaubarer und leichter lösbar. Wenn das Persönliche Jahr und/oder die Dachzahl ebenfalls eine 3 ist, kann es passieren, dass man sich leicht verzettelt und Dinge anfängt, ohne sie zu Ende zu führen. Es macht einfach Spaß zu erforschen, zu was man fähig ist und was das Leben einem zu bieten hat. Man muss sich möglicherweise in größerer Disziplin üben, um die eigene Sprunghaftigkeit unter Kontrolle zu halten.

Zahl der Entfaltung 4

Die 4 ist die praktische Zahl, die jedes Vorhaben durch eine pragmatische und vernünftige Einstellung unterstützt. Wenn man in seinem Persönlichen Jahr oder auch in der Dachzahl einen eher schwierigen Einfluss hat, wie z. B. die 7, dann kann diese 4 sehr stabilisierend wirken. Auch ist es die Zahl, mit der Pläne und Ideen realisiert werden. Man entwickelt oft einen vorher ungeahnten Tatendrang. Oft will man mit dem Kopf durch die Wand und Pläne erzwingen, auch wenn sie möglicherweise noch nicht reif sind. Wenn man durch andere Einflüsse in seinem Tatendrang gestoppt wird, kann dies ein sehr frustrierendes Jahr werden. Multiple 4en durch das Persönliche Jahr oder die Dachzahl können das Selbstvertrauen erheblich erschüttern. Auch ist in einem solchen Fall ganz besonders auf körperliche Betätigung zu achten, um einen eventuellen Energiestau abzubauen.

Zahl der Entfaltung 5

Die 5 bringt meist Unruhe und Abwechslung in das Leben. Dies kann sich natürlich sehr stark auswirken, wenn noch andere 5en durch das Persönliche Jahr oder die Dachzahl mit im Spiel sind. Es besteht eine innere Ruhelosigkeit, die man sich vielleicht selbst gar nicht erklären kann. Wenn z. B. das Persönliche Jahr eine 6 ist, also die Zahl für die Harmonie, dann kann dies insofern ein sehr schwieriges Jahr werden, da man bemüht ist, das Harmoniebedürfnis und die eigene Ruhelosigkeit unter einen Hut zu bringen. Der Einfluss der 5 hat prinzipiell jedoch positive Seiten: Man fühlt sich plötzlich von alten Zwängen befreit und ist eher bereit, wieder ein Risiko einzugehen. Man trifft Entscheidungen plötzlich und eventuell schneller als gewohnt. Vielleicht zieht man auch um, möglicherweise in eine andere Stadt oder ein anderes Land, reist mehr oder orientiert sich anders.

Wenn die Energie der 5 ein harmonisches Persönliches Jahr wie das der 6 beeinflusst, dann kann es mit der Harmonie vorbei sein.

Zahl der Entfaltung 6

Unter dem Einfluss der Zahl der Entfaltung 6 ist man möglicherweise sehr idealistisch und sehnt sich mehr als sonst nach einer Partnerschaft, falls man alleine lebt. Wenn das nicht gelingt, sollte man sich die Zahl des Persönlichen Jahres ansehen, ob die Energie dieser Zahl diesen Wunsch auch unterstützt. Wenn man sich z. B. in einem Persönlichen Jahr 1 befindet, wird es schwierig werden, die

Zahl der Entfaltung 6 mit dem Einfluss des unabhängigen Persönlichen Jahres 1 in Einklang zu bringen. In diesem Fall wird der Wunsch nach einer Partnerschaft eher ein Wunsch bleiben. Wenn man in einer Partnerschaft lebt, kann dies ein sehr harmonisches Jahr für die Liebe, Partnerschaft und Ehe bedeuten. In einem solchen Jahr hat man oft auch sehr viel mit Familienangelegenheiten im weitesten Sinne zu tun.

Die Zahl 6 wird einen positiven Einfluss auf das Jahr nehmen, wenn man z. B. in seinem Persönlichen Jahr in einer emotionalen 7 ist, da diese Zahl 6 eher Ruhe in das Jahr bringt.

Zahl der Entfaltung 7

Der Einfluss der 7 bringt in jedes Persönliche Jahr größere Intensität. Das Jahr wird in allen seinen Facetten tiefer und emotionaler empfunden.

Die 7 repräsentiert Emotionen. Wenn die Energie dieser Zahl 7 Einfluss auf ein Persönliches Jahr nimmt, wird einem meist während dieser Zeit gefühlsmäßig sehr viel abverlangt. Die Energie der Zahl 7 ist eine Energie, die grundsätzlich immer sehr emotional ist und einen immer wieder zwingt, das eigene Leben neu zu überdenken. Unter dem Einfluss der Zahl 7 werden oftmals Trennungen vollzogen (z. B. von Freunden, Kinder ziehen aus, man orientiert sich neu im Berufsleben). Diese Veränderungen werden meist als sehr tief empfunden. Es kann auch sein, dass man sein Leben grundsätzlich ändert (z. B. zieht man in eine andere Stadt oder in ein anderes Land, begibt sich beruflich auf noch unsicheren Boden, gründet eine Familie). Wenn auch noch das Persönliche Jahr eine 7 ist, kann dieses Jahr besonders schwierig werden. Man sollte sich allerdings immer vor Augen halten, dass die Energie der Zahl 7 einem zwar mitunter sehr viel abverlangt, aber gleichzeitig auch Kraft verleiht, die anstehenden Probleme zu meistern. Dies kann eine Zeit der Neuorientierung sein.

Zahl der Entfaltung 8

Die Energie der 8 verleiht Kraft, logisches Denken und Geschäftssinn. Sie stabilisiert jedes Persönliche Jahr. Der Einfluss dieser Zahl wird Ihre geschäftlichen Pläne unterstützen oder Ihr kreatives Talent hervorbringen. Es kann sein, dass Sie geschäftlich einen großen Schritt nach vorne machen oder als kreativer Mensch ganz neue Möglichkeiten für sich entdecken. Je nachdem, in welchem Persönlichen Jahr Sie sind, wird es leichter, Ihre neuen Pläne umzusetzen und diese Kraft zu nutzen (z. B. im Persönlichen Jahr 4), oder schwerer (z. B. in einem Persönlichen Jahr 3, das sich eher mit Ideen und Möglichkeiten befasst). Es kann natürlich auch sein, dass Sie den Weg finden, um eine zündende Idee in die Tat umzusetzen, und Sie sich wundern, warum Sie das nicht schon vorher gesehen haben. Die 8 steht für das logische und rationale Denken, und sollte auch noch das Persönliche Jahr eine 8 sein, dann gibt es besonders viel Kraft und Ausdauer für ein Projekt.

Die Zahl der Entfaltung 9

Die Energie der 9 steht für Verantwortung, aber auch für einen Neubeginn. Wenn die 9 der Entfaltung ein Persönliches Jahr begleitet, wird man sich oft an Kreuzwegen wiederfinden, nämlich eine innere Aufforderung verspüren, Altes hinter sich zu lassen und möglicherweise neue Wege zu gehen. Ein Neuanfang kann auch eine innere Einstellung sein, die einem jahrelang Probleme bereitet hat und die man plötzlich ablegen kann. Ein solcher Abschluss muss also nicht unfreiwillig sein. Es kann jedoch sein, dass man sich während des Einflusses dieser 9 zu einem Abschluss innerlich gedrängt fühlt, obwohl man genau weiß, dass sich bestimmte Dinge im eigenen Leben überholt haben und dass man nach neuen Lösungen suchen sollte. Die 9 bedeutet auch, die Verantwortung für sich zu übernehmen, für sein Leben und seine Einstellungen. Es kann aber auch schlichtweg das Ende eines Lebensabschnittes bedeuten.

Der Einfluss der 9 verlangt einen Abschluss. Schwierig wird es, wenn Sie in Ihrem Persönlichen Jahr gerade mit einer 1 beginnen.

Die Zahl der Entfaltung 11

Die 11 wird auch bei dieser Zahl nicht auf eine 2 reduziert, da die Energie der 11 eine andere ist als die stabilere 2. Die 11 wird das Persönliche Jahr eher als verunsichernder Faktor begleiten. Sie wollen z. B. einen neuen Job anfangen, aber in diesem Jahr wird dieser Wechsel für Sie möglicherweise schwieriger werden, als Sie sich das vorgestellt haben, und Sie werden sich oft fragen, ob Sie auch wirklich das Richtige getan haben. Es ist wichtig, in einem solchen Jahr nicht das Handtuch zu werfen und seinen inneren Ängsten nachzugeben, sondern es durchzustehen. Auch daraus kann man sehr viel über sich und seine Einstellung zum Leben und seinem Umfeld lernen. Wenn Sie weit reichende Entscheidungen treffen wollen, warten Sie (wenn Sie können) ab, bis dieses Jahr 11 vorüber ist, um sich dann Ihre Lebensumstände und Ihre Pläne vielleicht noch einmal in Ruhe anzusehen.

Deutungsbeispiele

Wenn man die Zahlen einer Person analysiert, sollte man sich immer zuerst das gesamte Bild ansehen, ehe man mit der eigentlichen Analyse beginnt. Man schaut sich den Geburtstag und den Geburtsmonat an, um einen ersten Eindruck zu gewinnen. Als Nächstes ist es sinnvoll, sich die einzelnen Zahlen auf dem Numerologischen Quadrat anzusehen und zu analysieren, wie die Energien und Qualitäten der einzelnen Zahlen verteilt sind. Die Lebensnummer ist neben dem Geburtstag die Zahl mit dem größten Einfluss und kann das gesamte Bild zum Positiven oder Negativen wenden. Zuletzt kommen die Seelen- und Motivationszahl und die Ausdrucks- und Talentzahl, die uns sagen, wie eine Person seine Veranlagungen nutzen wird. Diese Zahlen zeigen unseren Grundcharakter und unsere Fähigkeiten auf. Was der Einzelne damit macht, ist ihm allerdings selbst überlassen. Diese Zahlen werden uns ein ganzes Leben lang begleiten und sind die Basis für unsere Persönlichkeit und unsere Veranlagungen. Das bedeutet, dass wir immer wieder neu anfangen können, egal wie alt wir sind.

Es bedeutet aber genauso, dass uns niemand in irgendeiner Lebenslage unsere ganz persönlichen, individuellen Fähigkeiten wegnehmen kann, sondern dass wir immer auf sie zurückgreifen können. Die Zahlen zeigen uns auch unsere Schwachpunkte, und es ist unsere Aufgabe, daran zu arbeiten, sie für uns zu einem harmonischen Einklang zu vereinen. Auch sollte man gegenüber den Schwächen anderer Toleranz üben, denn auch sie müssen mit sich, mit ihren eigenen Veranlagungen und Schwierigkeiten zurechtkommen.

Das Nächste bei einer Analyse sind die Dachzahlen. Sie zeigen uns die Lektionen, die wir auf unserem Lebensweg lernen sollen und deren Einfluss wir uns nicht entziehen können. Es ist wichtig, sich vor Augen zu halten, dass nicht jeder Weg leicht ist und dass Schwierigkeiten und Hindernisse dazugehören. Die Wahl, wie wir diese Schwierigkeiten und harten Zeiten in unserem Leben meistern, liegt bei uns. Jeder hat sein Schicksal und muss seinen Lebensweg gehen – über das Wie entscheiden wir. Es wird immer wieder Zeiten geben, in denen wir die Wahl haben, den einen oder anderen Weg einzuschlagen. Wenn wir uns dann für eine Möglichkeit entschieden haben, müssen wir allerdings die Konsequenzen, die daraus

Unsere Geburtszahlen und die damit verbundenen Fähigkeiten sind immer für uns da und können von niemandem zerstört werden. Sie sind eine Basis, auf der wir immer aufbauen können.

erwachsen können, durchleben. Wie Sie sich sicherlich denken können, sagen die Zahlen nicht nur etwas über den Charakter eines Menschen aus, sondern geben in Verbindung mit anderen Personen auch Auskunft darüber, wie Kollegen – prominent oder nicht – zusammenarbeiten können oder wie Eltern und Kinder miteinander auskommen. Vor den Beispielen zu den Zahlen prominenter Persönlichkeiten wird im Folgenden die Bedeutung der Zahlen im beruflichen Miteinander und im Miteinander der Generationen erläutert.

Numerologie am Arbeitsplatz

Im beruflichen Alltag ist es wichtig, dass Menschen, die viel Zeit miteinander verbringen, harmonisch und gut zusammenarbeiten. Wie viele Kollegenkonflikte könnten ausgemerzt oder zumindest erträglicher gestaltet werden, wenn man sich untereinander besser verstehen würde. Warum versteht ein Kollege sofort, was gemeint ist, und warum redet man an einem anderen total vorbei? Viele von uns kennen die Situation, völlig missverstanden zu werden bei Vorschlägen, die aus eigener Sicht völlig klar erscheinen und dann bei den Kollegen auf absolutes Unverständnis stoßen. Bei einer Besprechung weiß ein Gesprächspartner, dass die Lösung eines Problems wie vorgeschlagen nicht funktionieren kann, ist aber nicht in der Lage, genau zu erklären, warum, während ein anderer präzise und umsichtig ein Problem darstellen kann. Geburtszahlen zeigen auch diese Grundveranlagungen eines Menschen an.

Wie viel Frust und Ärger würde manchem erspart bleiben, wenn die Kollegen besser verstehen könnten, wie er oder sie denkt. Zumindest könnte der Toleranzspiegel steigen.

Der logische Denker

Das ist ein Mensch, der in seinem Geburtsdatum eine 8 hat, egal ob im Geburtsdatum selbst oder in der Quersumme, der Lebensnummer. Wenn nicht auch noch eine 3 enthalten ist, geht diese Person ihre Probleme immer logisch an, also zuerst über den Verstand. Für sie ist es wichtig, ein Problem von Grund auf zu verfolgen und die Lösung von Grund auf logisch aufzubauen. Deshalb genügt es bei diesem Menschen nicht zu sagen: »Das ist so«, es muss die Erklärung kommen. Jemand mit einer solchen Veranlagung wird auch nicht so schnell etwas vergessen, denn wenn einmal etwas verinnerlicht ist, dann bleibt es im Gedächtnis. Manchmal werden sie als langsame Denker oder als etwas schwerfällig angesehen, aber das ist so nicht richtig. Sie müssen wissen, woher das Problem kommt, woraus es entstanden ist und wo es hingehen soll. In einem Unternehmen können diese Menschen die Kritiker oder Pessimisten sein.

Der Schnelldenker

Dieser Mensch ist das totale Gegenteil des logischen Denkers. Er hat entweder die 3 oder die Ebene der Gedanken 1-2-3 in seinem Geburtsdatum. Er kann eine Situation schnell begreifen und hat meist genauso schnell eine Lösung parat, kann aber nicht unbedingt für jeden verständlich erklären, warum seine Lösung richtig ist. Die betreffende Person neigt in ihrem Denken zur Sprunghaftigkeit, hasst Langeweile und ist immer auf der Suche nach neuen Herausforderungen. Sie hat ein großes geistiges Potenzial, verzettelt sich aber leicht, wenn sie nicht durch andere Zahlen Stabilität erhält.

Der Analytiker

Wir alle haben gewisse analytische Fähigkeiten, da wir fast alle aufgrund desselben Geburtsjahrhunderts eine 9 in unserem Geburtsdatum haben. Wenn aber eine multiple 9 darin vorkommt, so sind diese Fähigkeiten verstärkt, und der betreffende Mensch wird eine Situation und Sache immer innerlich analysieren, bevor er sie angeht, und dann erklären, was machbar ist und was nicht. Er übersieht die gesamte Situation und hat deshalb die Fähigkeit, das Wesentliche einer Problematik sehr schnell zu erkennen. Er tendiert allerdings dazu, keine andere Meinung außer der eigenen gelten zu lassen.

Der geradlinige Denker

In diesem Fall gibt es weder eine 3 noch eine 8 im Geburtsdatum, meist fehlt auch noch die 6. Diese Person spricht Klartext. Für sie ist es wichtig, dass alles klar und präzise ausgesprochen wird, und sie kann mit Zwischentönen und Zweideutigkeiten wenig anfangen. Solche Leute können am Arbeitsplatz unter Umständen sehr überheblich wirken, da sie neben ihrer eigenen einmal gefassten Meinung keine andere gelten lassen wollen.

Dies sind die Kategorien in ihren Grundzügen. Natürlich haben die meisten Menschen in ihrem Geburtsdatum eine größere Variable, die eine solche Grundveranlagung stärkt oder schwächt, und deshalb ist es sehr wichtig, sich das gesamte Geburtsdatum anzusehen.

Man sollte lernen, dem Kollegen aufmerksam zuzuhören, auch wenn man schon vorher weiß, was er meint. Diese Geduld lohnt sich, es fördert das gegenseitige Verständnis.

Deutungsbeispiele

Beispiel: die Politiker Schröder, Lafontaine, Fischer

Gerhard Schröder   Oskar Lafontaine
Geburtsdatum 7.4.1944   Geburtsdatum 16.9.1943
Lebensnummer 11   Lebensnummer 6

Joschka Fischer
Geburtsdatum 12.4.1948

Welche Charaktere sind Lebensnummer 11
im Kabinett vertreten? Hier wird sofort ersichtlich, dass Herr Schröder der »Macher« dieser
Die drei Numerologi- Gruppe ist. Er ist ein ausgesprochener Pragmatiker, der nur Klartext
schen Quadrate zeigen versteht und der in der Lage ist, Dinge zu bewegen. Er ist ein sehr
den geradlinigen, den praktischer Mann, dem es äußerst schwer fällt, den Rat und die Mei-
logischen und den ana- nung anderer anzunehmen. Ihm fehlt es an Fingerspitzengefühl und
lytischen Denker. Einfühlungsvermögen, aber er kann, wenn er sich für einen Weg

entschlossen hat, diesen unbeirrt verfolgen. Bildlich gesprochen könnten um ihn herum Häuser einfallen, er würde sich von seinem einmal
eingeschlagenen Weg nicht abbringen lassen. Dabei ist er selbst ver-

letzlicher, als man es ihm ansieht,
er ist sensibel und fühlt sich auch
schnell angegriffen. Als er sich für
die Kanzlerkandidatur entschied,
war er in seinen Dachzahlen gerade in einen neuen Einfluss gekommen, nämlich in den der 4,
unter der er auch vorerst bleiben
wird. Es wird interessant sein, wie
sich das auf seine Regierungs-
tätigkeit auswirken wird.

Oskar Lafontaine spielt zwar aktuell nicht in der ersten Liga, ist aber für diesen Vergleich ideal. Ihm fehlt die Durchschlagskraft von Gerhard Schröder. Er ist ein harmoniebedürftiger Mensch, allerdings mit größerer geistiger Mobilität und analytischem Denkvermögen. Auch ihm fehlt es an Fingerspitzengefühl, und er ist verletzlicher, als man es ihm ansieht, was seine Gegner wahrscheinlich verblüfft, wenn er sie mit seinem scharfen Verstand ins Visier nimmt. Außerdem muss Herr Lafontaine immer wieder mit seinem Selbstbewusstsein kämpfen, das ihn hin und wieder zu verlassen scheint. Seit dem Jahr 2000 steht Oskar Lafontaine unter der Dachzahl 8 unter dessen Einfluss er auch bleiben und die ihm neue unbekannte Kraft vermitteln wird. Es ist ein Einfluss, der von ihm fordert, ein größeres Gleichgewicht in sein Leben zu bringen.

Joschka Fischer ist der einzige in der Runde, der Fingerspitzengefühl und logisches Denkvermögen besitzt. Er ist neben seiner praktischen Veranlagung aber auch Visionär. Allerdings fehlt ihm das Durchsetzungsvermögen eines Herrn Schröder. Er hat die gleiche Sensibilität, die auch Gerhard Schröder besitzt, doch sieht man es ihm eher an. Er ist trotz aller guten Absichten ein Mensch, der eher negativ denkt und der seine Entscheidungen lange überlegt. Auch Joschka Fischer steht nun wie Oskar Lafontaine unter dem Einfluss der 8. Das Harmoniebedürfnis, das ihn bis dahin begleitet hat, wird ihn allerdings verlassen.

Wenn man sich alle drei Herren ansieht, so haben sie zwar einige Gemeinsamkeiten, aber auch sehr viele Differenzen in der Art und Weise, wie sie Probleme angehen. Wesentlich ist, dass Ideen aus unterschiedlichen Sichtweisen eingebracht werden, einmal aus der logischen und einmal aus der analytischen Sicht mit einem schnell begreifenden Verstand, also Ideen, die mit dem Durchsetzungsvermögen eines Herrn Schröder verwirklicht werden können.

Die Numerologieprofile dieser Männer an der Macht zeigen ganz deutlich, dass nur gemeinsame Interessen sie zusammenschweißen.

Eltern und Kinder

Dieses Thema wurde bereits im Kapitel »Gesundheit und Spannungspunkte« (siehe Seite 101ff.) angesprochen, und ich möchte es hier anhand von Beispielen noch etwas vertiefen.

Kinder werden in einem anderen Jahrzehnt als ihre Eltern geboren und unterliegen somit bereits dem Einfluss ihres eigenen Jahr-

Ein größeres Verständnis für die Stärken und Schwächen Ihrer Kinder erlaubt es Ihnen, sie besser und gezielter zu fördern.

zehnts. Ein Beispiel: Eltern, die in den 50er Jahren geboren wurden, besitzen alle die Fähigkeit des Durchsetzungsvermögens, welches sich bei den einen mehr und bei den anderen weniger stark auswirkt. Sie haben die Veranlagung, sich gesetzte Ziele konsequent zu erarbeiten, denn sie alle haben in ihrem Geburtsdatum die Ebene der Entschlossenheit (1-5-9). Wenn man jetzt davon ausgeht, dass deren Kinder z. B. Anfang der 80er Jahre geboren wurden, dann ist zu erkennen, dass diese Kinder zwar alle logische Denker sind, aber wenn die 5 im Geburtsdatum fehlt, wird ihnen auch das Durchsetzungsvermögen der Eltern fehlen. Sätze wie »Man setzt sich ein Ziel und zieht es durch« werden für ein logisch veranlagtes Kind schwer zu verstehen sein, wenn die Erklärung des Warum nicht erfolgt. Es wird in diesem Fall die Erwartungen des Vaters oder der Mutter nicht verstehen und deshalb auch nicht die Bereitschaft zeigen, diesen nachzukommen. Ein Konflikt ist vorprogrammiert.

Beispiel: Herr Schmidt und Sohn Thomas

Herr Schmidt
Geburtsdatum 3.7.1952
Lebensnummer 9

Sohn Thomas
Geburtsdatum 12.6.1984
Lebensnummer 4

 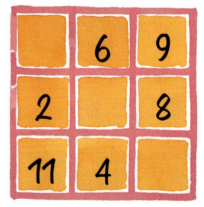

Was zuerst auffällt, ist, dass der Vater die Ebene der Entschlossenheit hat und der Sohn die Ebene der Vision. Das bedeutet, dass der Sohn sich sehr gut vorstellen kann, was er möchte, und nichts dagegen einzuwenden hat, wenn sein Vater es ihm ermöglicht. Hier gehen beide von verschiedenen Ansichten aus. Für Herrn Schmidt ist es wichtig, sich etwas vorzunehmen und dafür zu arbeiten, während der Sohn der Meinung ist, dass es auch anders funktionieren kann. Der Vater wird wenig Verständnis für die vermeintliche Faulheit seines Sohnes aufbringen können. Auch ist der Vater ein Mann voller Ideen und einer schnellen Auffassungsgabe. Der Sohn dagegen hat diese schnelle Auffassung vom Vater nicht geerbt und muss sich alles logisch erklären. Der Vater meint dagegen, sein Sohn müsse ihn verstehen, ohne dass er alles immer groß und breit erläutern müsse. Um Verständigungsprobleme zu vermeiden, sollte er zumindest eine kurze Erklärung abgeben, warum er etwas verlangt. Das Problem der beiden ist, dass der Vater durch seine 3 eine schnelle Auffassungsgabe besitzt, aber kein logisches Denken, und die Fähigkeiten des Sohnes laufen genau entgegengesetzt.

Der Vater, der im Juli (7) geboren ist, lässt sich ungern von etwas überzeugen, während sein Sohn, im Juni (6) geboren, harmoniebedürftig ist. Der Sohn wird für den Vater um des lieben Friedens willen Kompromisse eingehen, aber überzeugen lassen wird er sich ohne Erklärungen nicht. Es wird vom Sohn immer wieder die Frage kommen: »Warum hast du mir das nicht erklärt?«

Der Vater ist ein verantwortungsbewusster Mann (9 als Lebensnummer) und weiß durch seine Ebene der Einsicht (3-5-7) auch, dass sein Sohn anders »angepackt« und angesprochen werden sollte. Doch wenn er sich diese Unterschiede nicht bewusst macht, sie gar nicht kennt, wird er sich schwer tun, seinen Sohn ohne dauernden Konflikt zu erreichen. Der Sohn ist auch ein äußerst praktischer Mensch, wenn nicht sogar pingelig, eine Veranlagung, die dem Vater fehlt. Auch hier sind die Gegensätze und Differenzen wieder größer als die Gemeinsamkeiten.

Die Frage ist natürlich, was die beiden überhaupt gemeinsam haben, und da kommt eigentlich nur die 2 infrage, d. h., sie haben beide Intuition und Fingerspitzengefühl und damit den Wunsch, sich zu verstehen. Was ich hier aufzeigen möchte, ist, dass Kinder oftmals anders sind als Eltern, dass Unterschiede bestehen und dass Eltern nicht von sich auf ihre Kinder schließen können. Wie oft passiert es, dass Kinder die Ausbildungsmöglichkeiten nicht erhalten haben, weil Eltern davon ausgegangen sind, dass ihre Sprösslinge nicht dazu fähig sind oder etwas anderes besser für sie wäre. Kinder zeigen vielleicht nicht das Durchsetzungsvermögen und das »Sitzfleisch«, das Eltern von ihnen erwarten, das heißt aber nicht, dass die geistigen Fähigkeiten nicht vorhanden sein könnten, eine anspruchsvolle Ausbildung zu absolvieren.

Müssen Sie als Eltern auch manchmal die Luft anhalten, weil die Ansicht Ihrer Kinder Ihrer eigenen überhaupt nicht entspricht? Gut zuzuhören, um herauszufinden, wie das Kind zu seiner Meinung kommt, ist immer aufschlussreich.

Umgekehrt ist es oftmals auch so, dass Kinder ausgesprochen praktisch veranlagt sind und wesentlich glücklicher in einem praktischen Beruf wären, weil dieser ihren Veranlagungen eher entgegenkommt. Hier kann oft der gut gemeinte Ehrgeiz der Eltern den Kindern mehr schaden als nützen, wenn sie diese zwingen, eine höhere Schulausbildung oder gar einen akademischen Abschluss zu machen, anstatt zu akzeptieren, dass die praktischen Fähigkeiten etwa in einer handwerklichen Lehre am besten zur Geltung kommen. Schließlich sollte jedes Kind gemäß seinen Begabungen gefördert werden.

Geben Sie Ihren Kindern den Freiraum, den Beruf zu wechseln, wenn er sie unglücklich macht. Das Leben ist zu kostbar, um es freudlos zu verbringen.

Es gibt auch unzählige Erwachsene, die unzufrieden in ihrem Beruf sind und die ihre Begabungen in ihrem Beruf nicht ausleben können, weil die Eltern sie in eine Schiene gedrängt haben und sie sich haben drängen lassen, die gegen ihre Veranlagungen und gegen ihr Interesse war. Leider ist es auch heute noch so, dass, wenn die Kinder dieser Eltern dann ausbrechen und sich einen eigenen Lebensstil aufbauen wollen, von dem sie instinktiv wissen, dass er für sie richtig ist, sie immer noch von gut gemeinten Ratschlägen gebremst werden.

Kinder, Geburtsdatum und der Name

Eltern, deren Kinder in den 90er Jahren geboren wurden, wissen, wie schwierig es ist, diese beschäftigt zu halten. Sie sind sehr schnell gelangweilt. Es herrscht hier die doppelte 9 vor, und diese verleiht den Kindern ausgeprägte analytische Fähigkeiten. Das Datum eines am 12.8.1998 geborenen Kindes mit der Lebensnummer 11 zeigt sich

grafisch wie links abgebildet.

Mein Ratschlag: Kaufen Sie diesem Kind einen Computer, um seine logischen und analytischen Fähigkeiten zu fördern und die geistige Energie voll zu nutzen. Lassen Sie sich nicht täuschen, wenn diese Kinder scheinbar Konzentrationsschwächen haben: Ich würde sagen: Sie sind eher gelangweilt. In den 90er

Jahren geborene Kinder müssen gefordert werden. Geben Sie Ihrem Kind als Herausforderung eher eine schwierigere Aufgabe als eine leichte.

Ganz anders verhält es sich seit dem Jahr 2000. Aus dem Geburtsdatum sind die stereotypen Zahlen 1 und 9 entfallen, die uns beide mit ihren Charaktereigenschaften bis dahin in gewissem Maße geprägt haben. Die Kinder des neuen Jahrhunderts entwickeln andere Fähigkeiten und setzen Prioritäten. Sie alle besitzen eine ausgeprägte Intuition; für sie spielen das Miteinander und die geistige Welt wieder eine größere Rolle als für uns. Die Zahl 2 repräsentiert das Gemeinsame, das Wirdenken. Diese Charakteristiken bringen künftig alle Menschen mit auf diese Welt.

Kinder, die im neuen Jahrtausend geboren werden, sind viel intuitiver als die Menschen es in früheren Jahrhunderten gewesen sind. Sie nehmen sich wieder mehr Zeit zur Betrachtung und Besinnung.

Ausdrucks- und Talentzahl

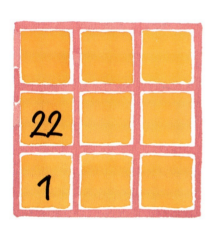

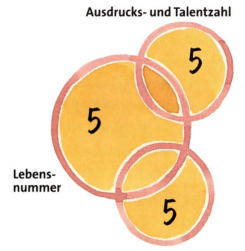

**Lebens-
nummer**

Seelen- und Motivationszahl

So ein Geburtsdatum kann allerdings für die nächsten Jahrzehnte sehr einseitig sein, wie am Beispiel von Michael Peter Loeffler, geboren am 2.10.2000, mit der Lebensnummer 5, zu erkennen ist. Wie Sie sehen, herrschen hier die Eigenschaften der 1 und der 2 vor, und zwar im Geburtstag, im Geburtsmonat und auf dem Numerologischen Quadrat. Diese beiden Zahlen sind als solche bereits gegensätzlich: die ichbezogene 1 und die wirbezogene 2. Die Lebensnummer $(2 + 1 + 2 + 0 + 0 + 0 = 5)$ ist eine freiheitsliebende 5, außerdem hat das Kind durch seinen Namen als Seelen- und Motivationszahl und Ausdrucks- und Talentzahl noch jeweils eine 5 mitbekommen. Das bedeutet, dass der Freiheitsdrang und ein un-

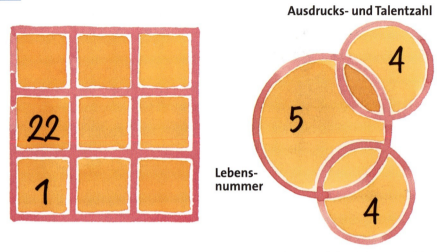

Ausdrucks- und Talentzahl

**Lebens-
nummer**

Seelen- und Motivationszahl

Die Numerologieprofile von berühmten und nicht berühmten Menschen sollen Ihnen helfen, Ihr eigenes Profil zu erstellen und richtig auszuwerten.

ruhiges Leben sehr ausgeprägt sein werden und beides in vielem im Gegensatz zur 2 steht, die sich eigentlich mehr Ruhe und Beschaulichkeit wünscht. Wenn man allerdings den zweiten Vornamen weglässt, dann rechnen sich die Seelen- und Motivationszahl und die Ausdrucks- und Talentzahl zu einer 4. Dies würde dem Kind zwar immer noch ein unruhiges Leben bescheren, ihm aber auf der anderen Seite auch mehr Stabilität verleihen. Die 2 im Jahr 2000 hat sehr viel Kraft, da hinter der 2 dreimal die 0 steht, die die 2 verstärkt. Man würde also den Konflikt zwischen der 1 und der 2 sowie der 2 und der 5 etwas mildern. Deshalb ist es so wichtig, den Namen erst dann auszusuchen, wenn das endgültige Geburtsdatum feststeht. Dabei ist auch auf die Ausgeglichenheit zwischen Seelen- und Motivationszahl und Ausdrucks- und Talentzahl zu achten.

Zahlendeutungen prominenter Persönlichkeiten

Vergleich zwischen Diana, Princess of Wales, Prince Charles und Camilla Parker Bowles

Man kann natürlich auch Geburtsdaten miteinander vergleichen und sofort sehen, wo Gemeinsamkeiten oder wo Unterschiede bestehen. Ich habe hier ein Beispiel ausgesucht, das, wie ich meine, für Sie von Interesse ist. Die Aufgabe ist herauszufinden, warum Diana, Princess of Wales, und Prince Charles so schwer miteinander ausgekommen sind und warum Prince Charles seiner alten Liebe Camilla Parker Bowles so lange die Treue gehalten hat. Ich habe ganz bewusst die englische Schreibweise gewählt, denn wenn es um die Namensauswertung geht, muss die Originalschreibweise benutzt werden, um ein korrektes Ergebnis zu erzielen.

Diana, Princess of Wales

Geburtsdatum 1.7.1961

Lebensnummer 7

Wenn man sich zuerst das Geburtsdatum ansieht, fällt auf, dass Diana, Prinzessin von Wales, eine sehr unabhängige Person war, die die Dinge so erledigen wollte, wie sie es für richtig hielt. Sie war gerne allein, und die eigene Privatsphäre war ihr sehr wichtig. Diana war eine große Individualistin mit einem ausgeprägten Ichbewusstsein. Wenn es um Entscheidungen ging, wird sie – was sich viele Menschen sicherlich nicht vorstellen können – immer zuerst ihre eigenen Interessen in den Vordergrund gestellt haben.

Die dreifache 1 in ihrem Geburtsdatum war isoliert von ihren anderen Zahlen, und es war für sie mit Sicherheit zeitweise sehr schwierig, ihre Gefühle in richtige Worte zu kleiden, da sie nur begrenzt und mit Schwierigkeiten Zugang zu ihrem Gefühlsleben fand.

Die Prinzessin von Wales wurde im siebten Monat des Jahres geboren, was bedeutet, dass sie Selbsterfahrung groß geschrieben hat. Diese 7 gab ihr die Fähigkeit zum großen sozialen Engagement, verbunden mit ihrem bereitwilligen Zugehen auf hilfsbedürftige Menschen und dem Wunsch zu helfen, wo immer sie konnte. Auf der anderen Seite wird es sicherlich sehr schwierig gewesen sein, sie von etwas zu überzeugen, das sie nicht wahrhaben wollte.

Auf dem Numerologischen Quadrat finden wir dreimal die 1. Das bedeutet, dass Diana keine Frau war, die sich schnell entscheiden konnte. Sie musste alle Pläne erst einmal verinnerlichen, ehe sie entschied, was für sie richtig war. Dieses Ergebnis wurde dann ihrem Umfeld mitgeteilt. Durch die 6 in ihrem Geburtsdatum war sie sehr harmoniebedürftig, und da diese Zahl sie auch gleichzeitig immer verunsicherte, fehlte es ihr mitunter an dem nötigen Selbstvertrauen, was auch bei ihren zahlreichen öffentlichen Auftritten immer wieder festgestellt werden konnte. Durch die Ebene der Sensibilität

Diana liebte den großen Auftritt und das große Drama. Das Interesse, das ihr die Welt entgegenbrachte, war für sie Labsal und Fluch in einem.

141

Diana war nicht sehr entscheidungsfreudig, doch einmal entschlossen, wich sie von ihrem Pfad nicht mehr ab.

(keine Zahlen auf der Ebene 2-5-8) war die Prinzessin von Wales sehr viel verletzlicher, als viele Menschen in ihrem Umfeld annahmen.

Die Lebensnummer von Diana Princess of Wales war die 7, die ihren Drang zur Selbsterfahrung um vieles verstärkte, aber auch ihren Hang zur Dramatik. Diese beiden 7 bewirkten, dass Dianas soziales Engagement sehr ausgeprägt war und dass ihr Wunsch zu helfen, mit kranken und hilfsbedürftigen Menschen Kontakt zu haben, ein absolutes Bedürfnis ihrer Seele darstellte. Sie hat mit ihren sozialen Tätigkeiten die Qualitäten der 7 voll ausgelebt und dadurch vielen Menschen Gutes getan. Die 7 war aber auch ihr Schicksal, denn sie

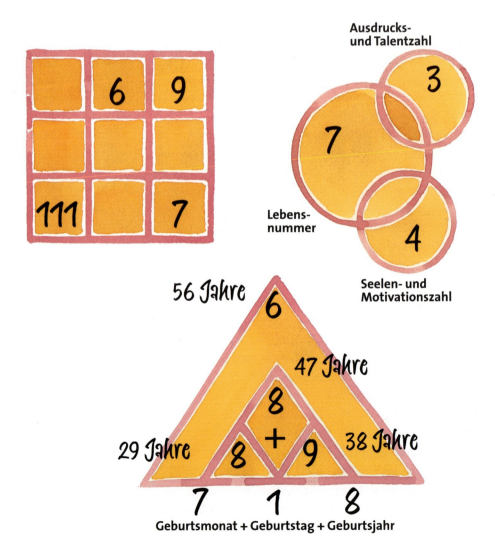

Ausdrucks- und Talentzahl

3

7

4

Lebens- nummer

Seelen- und Motivationszahl

6 9

111 7

56 Jahre

6

47 Jahre

8

29 Jahre

8 + 9

38 Jahre

7   1   8

Geburtsmonat + Geburtstag + Geburtsjahr

verlangte ihr sehr viel von der emotionalen Seite ab, gab ihr allerdings auch große Kraft, die Tiefschläge zu meistern. Diana fehlte die 2, das Wirbewusstsein, und dadurch ein natürliches Fingerspitzengefühl. Das heißt nicht, dass sie sich in Menschen nicht einfühlen konnte – dafür standen die 7en –, sondern es mangelte ihr an dem natürlichen Gefühl zu wissen, wann der richtige Zeitpunkt gekommen war, etwas zu sagen, und wie es gesagt werden sollte, um andere Personen nicht vor den Kopf zu stoßen. Die 7 in ihrem Geburtsdatum ist isoliert, so wird sie sich auch immer wieder schwer getan haben, eine realistische Verbindung zu ihren Gefühlen herzustellen.

Diana Princess of Wales fehlten die schnelle Auffassungsgabe und die Logik. Sie war geistig rege durch ihre 6, aber sie tendierte eher dazu, alles zu wörtlich zu nehmen. Sie war sicherlich am glücklichsten, wenn sie ihr soziales Engagement ausleben konnte. Ihre Seelen- und Motivationszahl war nach ihrer Ehe eine 4 (vor ihrer Ehe eine 3), eine Zahl, die in der Numerologie von vielen als Schicksalszahl angesehen wird. Und es war ja ihr Schicksal, die zukünftige Königin-Mutter zu werden. Ihre Ausdrucks- und Talentzahl wurde nach ihrer Ehe eine 3 (vor der Ehe eine 1). Damit hatte sie dazugewonnen, denn die 3 ist eine Zahl, die dazu prädestiniert, gerne mit Menschen zu tun zu haben, die aber auch das Ausleben von Möglichkeiten und Talenten verstärkt. Interessant ist, dass Diana 1990 im Alter von 29 Jahren (36 – 7) in eine Dachzahl 8 kam, die ihr sehr viel mehr Kraft gab, aber von ihr auch verlangte, Verantwortung für sich selbst zu übernehmen und ihr Leben im Gleichgewicht zu halten. D. h., es war ihre Aufgabe, immer wieder zwischen ihren Verpflichtungen in der Öffentlichkeit, ihren privaten Verpflichtungen und den eigenen Wünschen eine Balance zu schaffen. Wie wir wissen, fielen in diese Zeit der Zusammenbruch ihrer Ehe und ihre Scheidung. Der tödliche Unfall geschah während dieser Dachzahl 8 in ihrem Persönlichen Lebensjahr 7.

Diana und Prinz Charles hatten durch die Einflüsse ihrer Geburtsdaten niemals wirklich eine Chance, glücklich zu werden. Sie waren in ihren Grundveranlagungen und Erwartungshaltungen zu unterschiedlich.

Prince Charles

Geburtsdatum 14.11.1948
Lebensnummer 11
Prince Charles hat durch sein Geburtsdatum auch ein gesundes Ichbewusstsein, aber zusammen mit der 4 verleiht es ihm Bodenständigkeit und Pflichtgefühl. Er ist im 11. Monat geboren; das gibt ihm

sehr viel Sensibilität, die ihn immer wieder dazu bewegen wird, sich zurückzuziehen, um Kraft und Ruhe zu schöpfen. Auch ist seine Lebensnummer eine 11, die diese Sensibilität verstärkt, ihm aber gleichzeitig großes Einfühlungsvermögen für seine Umwelt vermittelt.

Der Prinz von Wales ist leicht verletzlich und tendiert dazu, sich zurückzuziehen, um Konfrontationen aus dem Weg zu gehen. Durch die 8 auf dem Numerologischen Quadrat ist er ein logischer Denker und durch die zweifache 4 ein äußerst genauer, wenn nicht gar pe-

Wie unterschiedlich Prince Charles und Diana waren, kann man beim Vergleich der beiden Grafiken schnell erkennen.

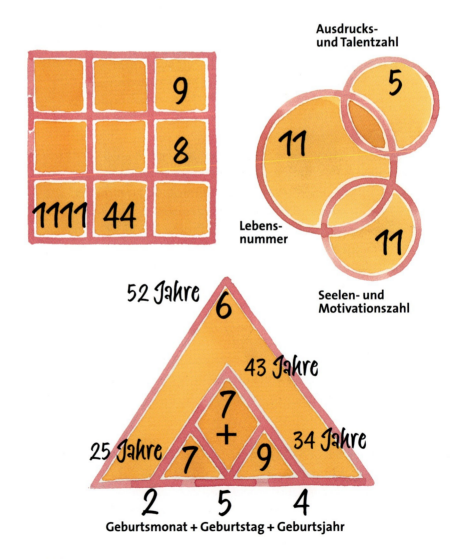

nibler Mensch. Bei ihm muss alles stimmen, und es fällt ihm sehr schwer, Schlampereien, so wie er sie sieht, zu akzeptieren. Er hat die Ebene der Vision und ist damit in der Lage, sich ein Projekt genau vorzustellen. Die doppelte 4 befähigt ihn dazu, diese Vision auch durchzusetzen. Die vierfache 1 auf dem Quadrat verunsichert ihn immer wieder, und er braucht jemanden, der ihn bestärkt und unterstützt.

Auch Prince Charles fehlt die 2, das natürliche Fingerspitzengefühl und das Wirbewusstsein, aber durch seine große Sensibilität kann er sich – was ihm viele Menschen lange Zeit nicht zugetraut haben – sehr gut in die Bedürfnisse der Menschen um ihn herum einfühlen. Er hat eine 11 als Seelen- und Motivationszahl und eine 5 als Ausdrucks- und Talentzahl. Das bedeutet, dass er immer wieder hoch motiviert ist, aber da die 11 sich auch zu einer 2 rechnet, hat er immer wieder Schwierigkeiten, dieses große Engagement aufrechtzuerhalten. Durch die 5 als Ausdrucks- und Talentzahl hat der britische Thronfolger die Möglichkeit, viele seiner Talente auszuleben. Dies lässt sich gut verfolgen, wenn man bedenkt, dass er sehr gut malt (günstig, um Energiestaus abzubauen und Kraft zu tanken), erfolgreich ökologische Landwirtschaft betreibt, gewissenhaft seinen Pflichten als Prinz von Wales nachkommt, sich mit großem persönlichem Engagement für sein Projekt »Princes' Trust« einsetzt und trotz aller terminlicher Verpflichtungen noch sehr liebevoll seinen familiären Aufgaben nachkommt.

Prince Charles kam mit 25 Jahren in die erste Dachzahl 7, was für ihn eine sehr schwierige und emotionale Zeit gewesen sein muss. Im Alter von 34 Jahren wendete sich das Blatt, und er kam in die Dachzahl 9, die mehr Verantwortung von ihm verlangte. In diese Zeit fielen ein Jahr zuvor seine Hochzeit (1981) und dann die Geburt seines ersten Sohnes William (1982) und des zweiten Sohnes Harry (1984). Unter seine dritte Dachzahl, die 7, kam Prince Charles mit 43 (1991). Ab dieser Zeit wurde es publik, dass seine Ehe kaputt war, und er hatte eine ausgesprochen schwierige Phase durchzumachen.

Der Tod Dianas fiel unter seine Dachzahl 7 und in sein Persönliches Jahr 6, das von ihm größere familiäre Verpflichtungen verlangte. Prince Charles kam im Alter von 52 Jahren, also im Jahr 2000, in die Dachzahl 6, und die Chancen, dass er endlich sein Glück findet, stehen durchaus gut.

Prince Charles ist ein hoch sensibler, praktischer Mann, der die Ruhe liebt und sie für sein inneres Gleichgewicht auch benötigt. Er hat das sehr gut erkannt und verschafft sich diesen Ausgleich durch Malen und den Bezug zur Natur.

Camilla Parker Bowles

Geburtsdatum 17.7.1947
Lebensnummer 9

Der Geburtstag gibt Camilla Parker Bowles sehr viel Stärke. Sie hat die unabhängige 1 und die Selbsterfahrungszahl 7, die sich zu einer 8 rechnen und diesem Geburtstag Kraft verleihen. Verstärkt ist ihr Gerechtigkeitssinn durch den Geburtsmonat 7. Sie ist sozial engagiert und sehr hilfsbereit. Auch mischt sie sich in das Leben anderer ein, mit dem Ziel zu helfen. Es fehlt ihr allerdings das natürliche Fingerspitzengefühl. Sie ist jemand, der gerne alles beredet, aber eher

Die klassische Dreiecksgeschichte hat sich im englischen Königshaus vollzogen. Warum hat Charles sich für Camilla entschieden?

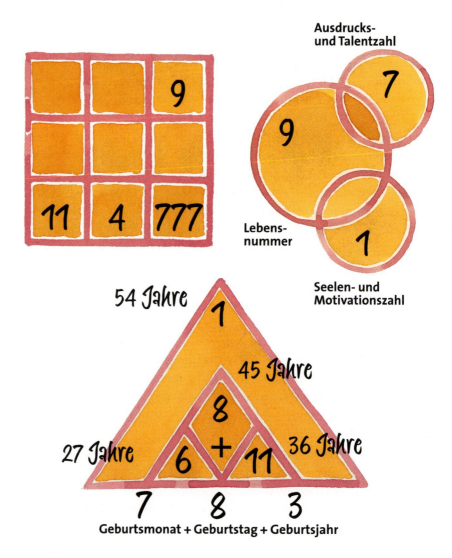

seine Meinung kundtut, als andere um ihre Meinung zu befragen. Camilla Parker Bowles kann sich gut ausdrücken, denn sie hat zweimal die 1 auf dem Numerologischen Quadrat. Sie ist eine äußerst praktische Person, die klar und deutlich sagen kann, was sie meint und was sie von ihrem Umfeld erwartet. Sie hat dreimal die 7 in ihrem Geburtsdatum und kann durchaus dramatisch sein, was aber durch ihre geerdete, praktische Persönlichkeit, die keinen Unfug duldet, sicher kontrolliert wird. Sie hat großes Verantwortungsbewusstsein und wird sich auch ihrer Verantwortung immer stellen. Desgleichen besitzt sie durch ihre Lebensnummer 9 erhebliche analytische Fähigkeiten. Allerdings ist ihre 9 isoliert, und es wird für sie schwierig sein, diese Fähigkeit voll einzusetzen. Sie ist leichter verletzbar, als man ihr ansieht, und sie wird eine Ungerechtigkeit auch nicht so schnell vergessen.

Die Seelen- und Motivationszahl von Camilla Parker Bowles ist eine 1, so wird sie sich immer auf eine Sache konzentrieren, obwohl ihre Ausdrucks- und Talentzahl eine 7 ist und ihre Persönliche Lebenszahl eine 9. Das kann ihr zeitweise Schwierigkeiten bereiten, da sie weiß, dass sie zu mehr fähig ist, aber es irgendwie nicht schafft, ihre vielfältigen Möglichkeiten auszuleben. Die 1 als Motivationszahl bremst sie und bringt sie dazu, sich immer nur auf eine Sache voll zu konzentrieren. Zwischen ihrem 36. und 45. Lebensjahr hat Camilla Parker Bowles sicherlich eine sehr schwierige Zeit (Dachzahl 11) durchleben müssen, die sich zu ihrem 45. Lebensjahr wieder gefestigt hat (Dachzahl 8). Ihre letzte Dachzahl ist zu ihrem 54. Lebensjahr (2001) eine 1, die ihrem Leben eine neue Richtung geben wird, sie aber auch einsamer werden lässt.

Zusammenfassung

Wie Sie in den Ausführungen auf den vorhergehenden Seiten sehen konnten, gibt es zwischen den beiden Frauen durchaus Parallelen. Das Interessante daran ist, dass bei beiden, bei Prinzessin Diana wie bei Camilla Parker Bowles, die Zahl 7 im Geburtsdatum erscheint, beide im siebten Monat des Jahres geboren sind und auch beide die Zahl 1 in prominenter Position haben, was alle zwei als Individualistinnen ausweist.

Wenn man sich zuerst Diana und Charles ansieht, so kann man feststellen, dass sich beide schwer taten, ihre innersten Gefühle auszudrücken (dreimal 1 und viermal 1). Während Diana eher bereit war,

Erkennen Sie die Gemeinsamkeiten zwischen Camilla Parker Bowles und Diana? Beide haben prominente 7en im Geburtsdatum.

mit dem Kopf durch die Wand zu gehen, um ihre Wünsche durchzusetzen, zog sich Charles aufgrund seiner hohen Sensibilität erst einmal zurück, um mit seinen Gefühlen ins Reine zu kommen. Er ist jemand, der Streit lieber aus dem Weg geht und der mit Konfrontationen und großen Dramen nichts anzufangen weiß. Diana war eher das Gegenteil, denn sie liebte und brauchte den großen Auftritt. Sie war sicherlich frustriert, dass das für sie notwendige Besprechen ihrer Probleme in ihrer Ehe nur bedingt möglich war, zumal sie eigentlich ihre Ansichten nur bestätigt haben wollte. Sie fand die für sie lebensnotwendige Bestätigung dann in der Öffentlichkeit.

Meiner Ansicht nach kann man das Scheitern ihrer Beziehung den beiden nicht zum Vorwurf machen, denn sie waren grundverschiedene Personen. Diana war ein Mensch, der von geistigen Energien beeinflusst werden musste und immer wieder Abwechslung brauchte. Charles ist ein bodenständiger Mann, der alles von der praktischen Seite sieht, der in seinen Vorhaben genau und penibel ist. Während Charles sich immer wieder zurückziehen muss, um Kraft zu tanken, war das Zurückziehen von Diana eher ein Alleinsein, um neue Pläne zu schmieden. Sie konnte diese Sensibilität von Charles nicht nachvollziehen, so wie er nicht ihren Hang zum Drama.

Es ist schade, dass beide ihre großen Unterschiede nicht erkannten oder zumindest nicht in der Lage waren, den anderen mit seinen jeweiligen Eigenschaften zu tolerieren. Charles ist ein logischer Denker, und Logik war etwas, an das es Diana völlig mangelte. Beiden fehlte die 2, das natürliche Fingerspitzengefühl, und Charles hat sicherlich nicht bemerkt, wie leicht verletzlich Diana trotz ihrer nach außen gekehrten Stärke war. Anziehend für Charles war offenbar außer ihrer Jugend die Kraft, die Diana besessen hat, die Liebe zu ihren Söhnen und ihr großes soziales Engagement, das für die Familie, in die sie einheiratete, sehr wichtig war. Aber das war auf längere Sicht nicht genug. Weder Charles noch Diana waren durch ihre persönliche Veranlagung fähig, sich gegenseitig das zu geben, was beide für ihren inneren Frieden gebraucht hätten.

Im Vergleich dazu ist Camilla Parker Bowles durch ihre Zahlen (dreimal 7, Lebensnummer 9) zwar ebenfalls eine Frau, die weiß, was sie will. Im Gegensatz zu Diana ist sie jedoch sehr bodenständig und kann damit die Interessen von Charles teilen, ohne ihm etwas vormachen zu müssen. Sie versteht auch die penible eigene Seite von ihm, die Diana fremd und unverständlich war. Camilla kann

Charles ist ein hoch sensibler Mensch, der Streit nur schwer verkraftet, und Diana war eine Frau, die den Konflikt immer wieder zum Leben brauchte. Solche Unterschiede hätten mit mehr Ruhe und weniger Öffentlichkeit vielleicht bewältigt werden können.

ihre Gefühle sehr gut ausdrücken, und obwohl sie keine 8 im Geburtsdatum hat, rechnet sich ihr Geburtstag doch zu einer 8, was dem logischen Denken von Charles entgegenkommt. Sie hat also sehr viel mehr Gemeinsamkeiten mit ihm, als Diana und Charles sie besessen haben. Camilla hat großes Verantwortungsbewusstsein und ist außerordentlich verlässlich. Sie ist die praktische, bodenständige Frau, die Charles den Halt gibt, den er für seine hohe Sensibilität braucht.

Wie bereits eingangs erwähnt, gibt es trotzdem einige Parallelen zwischen Prinzessin Diana und Camilla Parker Bowles. Beide haben die prominente 7 in ihrem Geburtsdatum, beide sind im selben Monat geboren und wissen, was sie wollen. Doch wo bei Diana die geistigen Energien zum Zug kamen, ist Camilla Parker Bowles geerdet und praktisch veranlagt. Diana hatte keine 4 in ihrem Geburtsdatum und konnte das Praktische, Penible, Genaue bei Charles nicht verstehen. Camilla ist eher in der Lage dazu, da sie die praktische Ebene (1-4-7) besitzt. Camilla ist zwar unabhängig und selbstständig, aber sie ist nicht ganz die Individualistin und Einzelgängerin, die Diana war. Camilla und Charles verbinden also mehr Gemeinsamkeiten als Gegensätze – eine gute Voraussetzung für eine dauerhafte Bindung – , während es in der Beziehung von Diana und Charles genau umgekehrt war.

Charles kam im Jahr 2000 in einen Wechsel der Dachzahlen, und zwar in die 6, die für Familie und Harmonie steht, und Camilla ein Jahr später (2001) in die Dachzahl 1, die von ihr verlangt, ihr Leben total umzukrempeln. Veränderungen in der Beziehung der beiden sind bereits jetzt festzustellen.

Es ist offensichtlich, dass für Charles die Familie und der Familienhalt immer wichtiger wird, und es ist anzunehmen, dass er Camilla Parker Bowles in der Öffentlichkeit lieber zu seiner Frau machen würde, als sie der Welt immer nur als seine Geliebte vorzustellen. Ich denke mir, dass die Akzeptanz dafür in England, auch durch den Einfluss des neuen Jahrtausend, immer mehr steigen wird. Im Gegensatz zu den 90er Jahren stehen wir seit dem Jahr 2000 mehr und mehr unter dem Einfluss der Gemeinsamkeit, des Wirverständnisses, einem Einfluss, der einer Ehe der beiden entgegenkommt. Die Frage wird sein, ob sich Camilla letztendlich dazu durchringen kann, ihre persönliche Freiheit, die ihr immer sehr wichtig war, für die gemeinsamen Interessen aufzugeben.

Diana und Camilla Parker Bowles haben mehr Gemeinsamkeiten als auf den ersten Blick ersichtlich. Sie sind beide starke Charaktere.

Zum Schluss

Das Wissen um die Numerologie ist vielschichtig und interpretierbar und hört mit diesem Buch natürlich nicht auf. Die Numerologie ist uralt und hat ihre Tradition in der jüdischen Kabbala wie in der Numerologie des Cheiro. In diesem Buch habe ich meine Erkenntnisse über die Numerologie und deren praktische Anwendung im täglichen Leben in den Vordergrund gestellt. Soweit ich weiß, hat noch niemand auf die Zusammenhänge zwischen der Änderung des Namens und der damit verbundenen anderen Möglichkeiten, seine Geburtszahlen zu nutzen, hingewiesen – auch nicht darauf, dass Geburtszahlen einen deutlichen Hinweis geben, wie ein Mensch denkt und wie er eine Sache angeht. Es ist mein Wunsch, dass dieses Buch zu einem besseren Verständnis des Miteinanders beiträgt, dass man sich bewusst wird, wer man selbst ist, dass man sich annimmt und liebevoller mit sich umgeht. Jeder ist für sich einzigartig und muss sich selbst entwickeln und verwirklichen.

Literatur

Goodwin, Matthew Oliver: Numerology; The Complete Guide. A Newcastle Book

Jacobi, Eleonore: Numerologie – Schicksalszahlen erkennen und für sich nutzen. Ludwig Verlag, München 2001

Jacobi, Eleonore: Ouija – Channeln und Lebenshilfe mit dem Hexenbrett, Ansata Verlag, München 2003

Jacobi, Eleonore: Tarot – für Liebe und Partnerschaft. Ludwig Verlag, München 2000

Koelmeyer, Neil/Kolecki, Ursula: Secrets in your Name. Angus & Robertson Publishers, Australia 1988

Line, Julie: The Numerology Workbook; Understanding and using the Power of Numbers. The Aquarian Press. London 1985

Phillips, Dr. David A.: Secrets of the Inner Self; The Complete Book of Numerology. Angus & Robertson Publishers, Australia 1980

Stein, Robin: The Numbers of Love. Penguin Books, Australia Ltd. 1990

Register

Impressum

Über die Autorin

Eleonore Jacobi beschäftigt sich mit sämtlichen Themen aus dem Bereich der Esoterik und interessiert sich in ihrer Freizeit auch für Reisen und Archäologie. Ihre numerologischen Deutungen erscheinen in zahlreichen Magazinen.

Hinweis

Das vorliegende Buch ist sorgfältig erarbeitet worden. Dennoch erfolgen alle Angaben ohne Gewähr. Weder Autorin noch Verlag können für eventuelle Schäden, die aus den im Buch gegebenen Hinweisen resultieren, eine Haftung übernehmen.

Bildnachweis

AKG, Berlin: 105; The Image Bank, München: 50 (Terje Rakke), 94 (David de Lossy), 99 (Britt Erlanson), 102 (Regine M.), 108 (Marc Romanelli); Getty Images, München: 8 (Chuck Keeler), 14 (Jim Krantz), 42 (Brian Bailey), 72 (Stuart Westmorland), 106 (Nello Giambi), 114 (Eye Wire)

© 2006 by Südwest Verlag, einem Unternehmen der Verlagsgruppe Random House GmbH, München

Alle Rechte vorbehalten. Nachdruck – auch auszugsweise – nur mit Genehmigung des Verlags.

Redaktion: Marianne Heilmannseder
Projektleitung: Berit Hoffmann, Karin Stuhldreier
Bildredaktion: Beate Wagner
Illustrationen: Roger Kausch
DTP-Produktion: Veronika Moga, Mihriye Yücel, München
Umschlag: R. M. E. Eschlbeck/Kreuzer/Botzenhart

Druck und Bindung: Těšínská Tiskárna, a.s., Český Těšín

Printed in the Czech Republic

ISBN-10: 3-517-08201-5
ISBN-13: 978-3-517-08201-1

5115X817 2635 4453 6271